12万人が学んだ

投資1年目の教科書

投資の学校代表
高橋 慶行
Yoshiyuki Takahashi

かんき出版

はじめに

ようこそ、本物の投資の世界へ。

この本を手に取ってくださり、まことにありがとうございます。きっとあなたは、本屋さんか、すでに購入いただいてご自宅か、帰り道の電車の中などで開いたばかりというところだと思います。つまり、この本を読むに値するかを見極めようとされていると思います。どうぞ、見極めてください。今から、見極めるために必要なことを話します。

誰が、何を書いているのか。

この本は、12万人以上が学んだ、東京の新宿を拠点に展開する、投資の学校という投資教育スクールの創業者である私、高橋慶行が書いています。このスクールの講師は主に、金融の世界で活躍している現役のプロの投資家です。彼らの投資手法や考え方を授業化し、それを対面講座やオンライン講座で提供してきました。その講義の数は100

以上ありましたが、複数の投資の達人が共通して話す内容であり、どのような市況であっても通用する大切なことを1冊の書籍としてまとめたものです。大変効率的に学べる内容です。

投資で勝てないのは、知識や経験ではなく、技術を知らなかっただけ。

この本は、株式投資をする方にも、FXトレードをする方にも、日経225先物などをやられる方に対しても、共通にして重要なことを記していますが、「投資情報」ではありません。知識や経験はもちろん、あるに越したことはないですが、利益に直結する「考え方」「投資家としての在り方」「投資の技術」について論点を絞っています。本書を読んでいただくとわかりますが、投資は「予想」でやるものでありませんし、「ギャンブル」などでもありません。きちんとした対処法があり、トレーニングをするとうまくなる「技術」で行うものです。投資はスポーツではありませんから、体力的な制限などもなく、他の仕事のように、時間の制限や場所の制限なども基本的には、ありません。本書は、正しく日本に広まっていない正しい投資の技術を知っていただくためのものです。

「知っている」と「できる」とでは大違い。できてこそ、価値がある。

投資を長年やっている人の中には、知識が豊富だという人がいます。しかし、知識が豊富だという話と、投資で勝てるようになるという話は残念ながら別の話です。投資は「知っている」と「できる」との間には、厚い壁があるものです。本書では、読者の方に「できる」ようになっていただくために、事例を豊富に取り入れる等、工夫しておりますが、投資レベルによっては、どうしてもわかりにくい個所もあるかもしれません。その場合には、帯のＱＲコードから受講ができる特別補講動画を用意しておりますので、ご利用ください。

投資ができるということは、大きなアドバンテージ。

日本は、老後不安や終身雇用の崩壊など、さまざまな不安が叫ばれるようになりました。これからの時代は、ひとりひとりが自分自身にしっかりと知識を付けて、自分の身を自分で守らなければという意志を強く持たないとならないと思います。技術などが伴わない収入やあぶく銭のように何かの拍子に手に入れたお金は、簡単に失ってしまうものですが、技術をしっかりと身に付けて、その上に築きあげられた収入というものは簡単にはなくなりません。あなたには、投資を通じて、簡単にはなくならない「堅実な収入源」を作る方法を教えます。

特に、本書で紹介する投資の考え方ややり方、投資家としての在り方は、末長く取り組んでいける、本物のプロの投資家たちの多くが共通して心掛けているものでもあり、時間、場所、年齢、性別などに左右されず、小資金から始められる方法をお伝えしていきます。

投資を自分でやろう、自分自身でお金の運用をしようという姿勢は、自分の頭脳に経験やノウハウを蓄積したものでありながら、世界の動きや経済の動きなども把握でき、まさに、今の世の中を歩んでいくために必要なアドバンテージをもたらしてくれるものになります。本書がそのガイドになります。さぁ、本物の投資の勉強のはじまりです。

受講生の声

高橋さんの講義は本当に勉強になります。何度も繰り返し聞かせていただいています。

忙しくて時間を取れないとくじけそうになる気持ちもおかげで吹っ飛びました。ありがとうございます。

《40代男性》

貴重な情報を無料でも提供していただけるなんて、本当に驚きです。

ありがとうございます。講義を聞かせていただき、不安が自信に変わった気がします。

《40代男性》

投資初心者です。とにかく推奨されている銘柄を買うとかではなく、やはり自分でしっかり調べて買うということの大事さが再認識できました。

投資の原点を教えていただいている感じがして、初心者にはありがたいです。

《50代男性》

投資の初心者なのですが、納得できる点も多く、ありがたかったです。

自分の考えを持って投資できるよう、これから勉強していきたいと思いました。

《30代女性》

投資超初心者です。

まずは株の勉強からと思い、書店にて株に関する本を買いあさりました。

みるみるハマり、すぐに検索し、投資の学校の動画を食い入るように何度も見ました！

とてもわかりやすくドハマりしてます。

いろんなスクールの動画も見ましたが、わかりにくかったり、うさんくさい内容で不安になったりということがありましたが、投資の学校の講義はそういったことがないので**安心して学べています。**

ありがとうございます！

《30代女性》

株式投資を始めるぞと決心したのは良いけれど、いったい何から始めれば良いのかもわからず、とりあえず本をたくさん買ってみましたが、どれもピンとこず……そんなときに投資の学校に出会えました。

これからが楽しみです。

学ぶことも多いはずなのに、講義を聞いていたら、ワクワクしてきました。

はやる気持ちを抑えてしっかりと学んでいこうと思います。

《50代男性》

断片的な知識しかないので、体系的な内容について学びたいと思っていました。

素晴らしい内容です。

《30代女性》

受講生の声

初心者にもとてもわかりやすくて、しかも楽しく仕事をされている感じがあるので、こちらも楽しく学ぼうという気になりました。

《40代男性》

投資の学校に出会って、推奨を鵜呑みにする・値動きに飛びつくというイージーゴーイングな方法は、自分なりに考えて根拠を明確にしないので、身につかないダメな方法ということを改めて確認できました。過去にはこうした経験があるので再発させないように取り組んでいきます。

《50代男性》

投資の学校の授業は、わかりやすく論理的で納得できました。投資の正道と思います。これならば、たとえ損切りとなっても納得してできますね。今まで、割安株投資と称して上がらない銘柄ばかり選んでいました。教えていただいた手法をマスターして、株式投資を楽しみたいと思います。ありがとうございました。

《30代女性》

知りたいことをすべて網羅した内容で一生もののスキルが身につく学校だと思います。よいご縁をいただき良かったです。

《50代男性》

受講生の声

日本の場合、お金や投資の教育はまったく施されずに家庭から悪い意味で根拠のない価値観（労働以外で収入を得るのは悪いとか）を刷り込まれる、という嘆かわしい現状を改めて思い知りました。

投資の学校が、最高の投資教育を広めてくれればと願っております。

《40代男性》

投資の学校の講義は本当に簡潔でわかりやすく、頭に入ってきます。

もっと早く勉強していたらと思いますが、巡り合ったときがチャンスと思い人生のトレンドを変えられるよう頑張りたいと思っています。

《40代女性》

投資の学校の動画は私が過去に購入したFXの教材とは違い、大袈裟な表現や「絶対に儲かります！」といった表現がなくごく普通のお話をされていました。

そこが信頼できると思うので最後まで勉強したいと思います。
よろしくお願いいたします。

《30代男性》

株で稼げるというノウハウよりも、株の基礎となる勉強を楽しく学べたことが一番良かったです。

《30代男性》

12万人が学んだ 投資1年目の教科書

目次

第2章 投資1年目から「安定投資家」になるための5箇条

第3章 投資1年目から 利益を出すための9箇条

第4章 投資1年目から大損しないための8箇条

第5章 投資1年目から知っておきたい相場の仕組み5箇条

カバーデザイン　井上新八
本文デザイン・DTP　佐藤千恵
編集協力　森川滋之
書籍コーディネート　インプルーブ　小山睦男
素材提供：AleksOrel, ShadeDesign /Shutterstock.com

第1章

投資1年目から投資家マインドを身につけるための6箇条

本章では、1日も早く投資で成功したい方に対して、その心構えとして必要な項目を6つお伝えします。まずはこの6項目を知って、投資家マインドを身につけてください。安定して勝てる投資家として歩み始めるスタートアップの知識です。

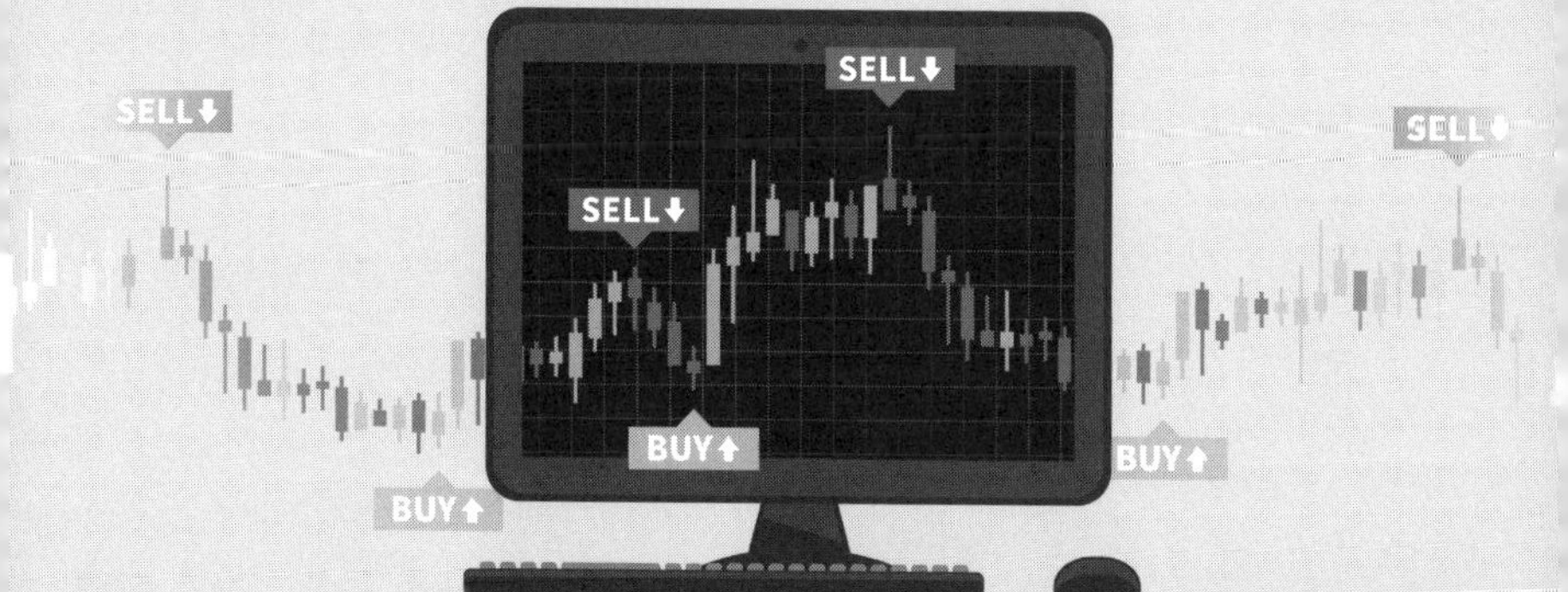

“1-1”

なぜ投資を自分でするべきなのか明確にしよう

この項目の3つのポイント

1 これからは収入を増やす新たな活動が求められる。

2 副業の中でも「投資」を検討すべき理由とは。

3 投資によって自立に向けた総合的な教養が身につく。

現実的な話をしましょう。**現在の生活を維持する上で一番大事なことは何でしょうか。それは「入ってくるお金」と「出ていくお金の額」とのバランスです。**

すでに多くの人が、毎月の生活費が赤字だという状況に陥っています。ボーナスがあれば、それを預貯金に回したり、毎月の赤字を補填したりする家庭が実際にたくさんあり、それが平均的な家庭になりつつあります。

毎月の入金を確実なものにするために、ほとんどの日本人は企業に勤めるという選択をします。今の時代勤務先の企業もいつまでも安泰という保証はありません。5年後の未来すら予測ができない時代がすでに到来していますが、それでも、勤めていれば当面の生活費を賄うことができるので、みんなそうしています。

ただ考えてみてください。生活費を賄うためだけに仕事をしているとすれば、それは時間が経っても状況が変わらないということです。**そこで、現在の生活を維持しながらも、収入や預貯金を増やすための、何らかの活動を多くの方が始めることが必要なのではないでしょうか。**

勤める以外の方法でお金を稼ぐにはさまざまな選択肢があります。最近では、勤務時間後に副業をしたりする会社員も大幅に増えています。副業もインターネットの物販、転売ビジネスなどさまざまなものが今ではあります。

投資も1つの「副業」と考えていいでしょう。ですが数ある副業の中で、なぜ自分は「投資」を選ぶのかということは明確にすることがまず大切です。

投資は、自分で行うことができます。他人任せにすることもできますが、これからの時代は、現在の年齢や性別、経験にかかわらず、自分で「いつ買えばいいのか」「いつ売ればいいのか」という知識を持っておくことが大切です。

なぜ、投資を自分でできるようにしておくことが大切かというと、1つには「お金を使ってお金を増やす」という収入タイプがこれからの時代には、適しているからです。これからの時代は、長生きの時代となりますから、労働収入だけでは限界があります。身体の元気が維持できるかどうか、という話だけではなくて、労働環境もこの先大きく変わるはずです。そのような中、**自分の頭脳に蓄積された経験や知識そのものがお金に変わるというのがまさに、投資による金融収入であり、そういうタイプの収入源を持つことに対する、心の安心感はとても大きなものになります。**

さらにもう1つ、投資を自分ですることによって、世の中の動きがわかるようになります。もちろん、最初からすべてがわかるようになるとは言いませんが、政治のこと、経済のこと、海外のことなど、投資においては、世の中の動きが自分の収入に直結することも多くなりますから、少なくとも関心を持つ理由ができます。世の中の動きを、誰かが書いたニュースをもとに判断するのではなくて、**事実をもとに自分で判断ができる力を養っていく「自立に向けた総合的な教養」も投資をすることで、育むことができます。**

投資の本質は、「安いときに買い、高いときに売る」ということです。注文するべきタイミングと、注文してはいけないタイミングをはっきりさせ、保有するべきときと、手放すべきときをはっきりさせることが、これからあなたが行うべきことになります。けっして、大化け株を狙うとか、一攫千金を狙うことを目的にするのではなくて、安定的な利益を積み上げていくために、「いつ買うのか」「なぜ買うのか」「いつまで保有するのか」を決めていきます。

投資は、お金だけを追う手段というわけではなく、予想もできないこれからの時代を自立して歩むための教養をもたらしてくれる、公平に与えられた素晴らしいチャンスです。**正しい投資教育が、正しくこの日本に広まることを願って、投資で安定的に利益を上げる上で「必ず覚えておきたいこと」を明かしていきたいと思います。**

1-2

投資に完璧な手法などないことを知っておこう

この項目の3つのポイント

1 投資には完璧な手法は存在しない。
2 怪しい投資商品や手法にだまされる脳の仕組み。
3 投資で勝ち続けるには、的確な対処が必要。

単刀直入ですが、100%勝てる投資の手法はありません。それなのに、100%勝てる方法が存在すると思い込んでいる方がたくさんいるようです。

投資に関心を持ち、インターネットや書籍で投資のことを調べると、いかにも100%勝てそうな投資の運用法や手法と成功体験などであふれかえっています。ツイッターなどのSNSでも、簡単に利益を手に入れたかのように誤解を招く書き込みが数多くあります。

投資でお金を稼ぐというのは肉体的にはとても楽です。パソコンのマウスを何回かクリックするだけでお金が生まれます。もちろん利益を安定させるためにはかなりの頭脳労働が必要なので疲れますが、十分な知識を得てしまえば、証券会社の管理画面にログインして、いくつかのサイトを見ながら、クリックをする以外にすることはありません。

プロの投資家も個人投資家も、趣味で株を買う主婦であっても、みんな肉体的には簡単にできてしまうのが、インターネットが発達した今の投資の世界です。

インターネットの恩恵で、10万円以下の少額資金でも気軽に投資ができるようになったことや、将来の就業やお金への不安を解決したい人が増えていることで、投資に関心を持つ人が年々増えています。そしてこのような人たちを「カモ」にしようとする詐欺まがいの業者も増えています。彼らは確実にしかも何十倍・何百倍も儲かるかのような魅力的な宣伝文句で勧誘してきます。しかし投資の世界に100％確実に勝てるというものなどないということは理解しておかないといけません。

人間には基本的に、楽して儲けたいという考え方があるので、そのような方法についつい飛びついてしまいがちです。**投資のことは詳しくないので、詳しいと思われる人に丸投げしてしまいたい気持ちはよくわかりますが、「楽して儲かる方法がある」というこ**

と自体が、怪しい宣伝文句なのです。

広い投資の世界ですから、人知れず勝率100％で利益を上げ続けている投資家もいるのかもしれません。ですが、私の周囲には、ニューヨーク、ロンドン、東京という世界三大金融市場で30年近く世界最高レベルの活躍をしてきた元プロディーラーがいます。また、その道30年、40年というプロの投資家もいます。彼らが口を揃えて断言することは、「投資で100％勝てることなどはない」ということです。

人は損をすることが大嫌いです。損をするくらいなら儲けは少なくても手堅く儲かる選択肢を選ぶように人間の脳はできています。そのことを実感していただくために、1つのゲームをさせてください。**人の脳というものは、合理的な判断ができないということがわかるゲームです。**

たとえば、あなたには2つの選択肢があります。1つ目の選択肢は、コインを1回だけ投げて、表が出たら100万円がもらえ、裏が出たら50万円を支払うことです。いかさまはなく、表が出る確率も裏が出る確率も2分の1です。もう1つはコインを投げる必要はなく、必ず20万円もらえるという選択肢です。

選択① コインを投げて……
コインの**表**が出たら → **100万円もらう**
コインの**裏**が出たら → **50万円支払う**

↓

コイン投げをするほうが、平均的な利益は大きくなる
《期待値》$\left(100万円 \times \frac{1}{2}\right) - \left(50万円 \times \frac{1}{2}\right) = 25万円$

選択② コインを投げる必要はなく……
必ず20万円もらえる

↓

大多数の人はこちらを選ぶ

この質問をすると大多数の人は、20万円を確実に受け取るほうを選びます。しかしこれは合理的な判断とは言えません。中学の数学で期待値という考え方を学びました。期待値とは、くじやゲームを行った場合に平均するとどれだけの利益があるかという数値です。このコイン投げの例でいえば、100万円もらえる確率が2分の1、50万円失う確率も2分の1ですから、(100万円×1/2)−《マイナス》(50万円×1/2)=25万円となります。したがってコイン投げをするほうが平均的な利益が大きくなるのです。

ここで覚えておいていただきたいのは、人はたとえ合理的な選択肢が目の前にあっても、リスクを冒さずに手堅く手に入る選択肢を選んでしまうということです。これは行動経済学という学問で、実証的に証明されていることです。これを逆手に取って「確実に稼げます」「元本保証します」「最もリスクがない方法を選びましょう」「これをしないと損しますよ」というセールストークが世にあふれかえっているのです。あなたにはだまされてほしくはありません。

このように人間は「損はしたくない」「楽して稼ぎたい」という気持ちを持つことが普通であり、損をしないで確実に稼げ、しかも人任せの投資の仕方に魅力を感じてしまう生き物なのです。**その結果、どこにも存在しない完璧な投資の手法やツール、代わりに運用してくれる「まだ出会ってもいない誰か」を探す旅に出かけてしまうのです。**

投資は車の運転とも似ています。車を運転するためには、車を運転するための知識を教習所で学ぶ必要がある上に、実際に路上で運転の練習をして技術を体感しなければなりません。知識と技術が十分だとみなされて、はじめて免許がもらえます。

それでも交通事故は毎年数多く発生します。無免許運転で事故を起こす人もいますが、大半は免許を持っている人です。免許と十分なスキルがあっても、お酒を飲んで車を運転すれば事故を起こす確率は格段に上がります。標識や信号のとおりに走行していても、突然子供が脇道から飛び出してくるかもしれません。

投資の世界も同じで、十分な知識があり十分な経験があっても、それに比例して十分稼げるようになるとは限りません。車の運転では総合的に状況を判断しながら事故を起こさないように心がけていく姿勢が大切なように、投資においても同じく総合的に状況を判断しながら、大損をしないように気をつけて取引をしていくことが大切です。

1-3

投資で大損する理由を知っておこう

この項目の3つのポイント

1 一度大損すると、取り返すのは相当大変。
2 大損をするにも、脳のメカニズムが関係している。
3 不合理さに負けないスキルとルールを身につけよう。

日本人投資家の8割から9割は負け組だと言われることがあります。その中には少しの負けで済んでいる人もいますが、大損をしてしまう人もいます。

投資で稼ぐには、投資資金が必要です。投資資金は多くても良いし、10万円程度から始めても良いのですが、1つだけ労働収入と異なる部分があります。**それは「投資資金の大きさがダイレクトに収入に関わる」ということです。**

労働収入であれば、働き続けることで何度でも何度でもお給料を受け取ることができますが、投資の世界は投資資金が稼ぎの源泉ですから、大損をしてしまい、投資資金が使えなくなったり、株を買って塩漬けにしてしまっていると、投資収入を得るチャンスがなくなってしまいます。一度大きな損をすると、その後取り返すのがなかなか大変になるということです。

投資資金の大きさにもよりますが、自分で投資ができるようになると、年間20％、30％、それ以上の利回りを出すことは可能です。仮に年20％安定して稼げる運用能力を持っていたとします。投資資金1千万円だと200万円の利益になりますが、何かの間違いで400万円の大損した場合、投資資金が600万円に減ってしまいます。投資資金600万円となってしまうと、年20％の運用が年120万円の利益に下がってしまいます。

年20％の運用スキルをもってしても、投資資金600万円から投資資金を1千万円まで戻すのに数年以上かかることになるわけですが、大損をするときは一瞬なので、それを防ぐよう気をつけて投資をしていかなければなりません。投資においては、稼ぐこと以上に、守ることのほうが大事だということになります。

ですから、投資で大損する理由を、投資を始める前に理解しておくことはとても大切なことです。一言でいえば、稼ぐことばかりに目が行き、リスク管理や資金管理という守りの知識を十分に勉強していないことがその理由になります。

とは言うものの、リスク管理や資金管理を十分に勉強しているにもかかわらず、大損をしてしまう投資家もたくさんいます。やってはいけないことやまったく合理的でないことをして損失を繰り返してしまうからなのですが、それは人間には非合理的な行動をする特性というものがあります。

損失を取り戻したいという気持ちが強いために、またしても合理的な判断ができなくなるのです。パチンコなどで損をしていると、ついつい損を取り返すためにお金をつぎ込む人が多いのも同じ理由です。そして最終的には大損してしまいます。

プロスペクト理論というもので、この人間の特性は証明されています。

小難しい説明はやめて、ゲームの話で説明しましょう。先ほどコインを1回だけ投げて、表が出たら100万円がもらえ、裏が出たら50万円を支払うというゲームを紹介しました。この場合の期待値は25万円でした。

このゲームに参加するか、無条件に20万円もらえるという提案のどちらを採るかと聞かれた場合、ほとんどの人が20万円もらえるほうを選ぶと言いました。ゲームの期待値は25万円ですから、合理的とは言えない判断を多くの人がするということです。

これは実験で証明されている事実です。つまり人間には、合理的な判断よりもリスク

ゲームで50万円失っていることを前提にすると……

選択① ルーレットを回す
勝利 → 100万円受け取る（勝利の確率 30%）
敗北 → 30万円支払う（敗北の確率 70%）

《期待値》100万円 × 0.3 － 30万円 × 0.7 ＝ **9万円**

選択② ルーレットを回さなくても10万円受け取れる

《期待値》＝ **10万円**

なぜか、ルーレットを回す人のほうが多くなる

【プロスペクト理論】 損をすると、取り返したくなる心理や、すでに損をしているときなど、不利な状況下における意思決定の特性を示した理論

回避を優先するという特性があるのです。

そして、**損をしている状態だと、人間は正しく判断ができないという説明をこれからします。**先ほどのゲームで運悪く裏が出てしまい50万円を失ってしまったとします。主催者から新しいゲームを提案されました。損を取り返すためにルーレットを回すのはいかがですかと言うのです。

このルーレットは、赤いマークが30%、黒いマークが70%ある特殊なものです。赤いマークが出れば100万円受け取れます。しかし黒いマークが出れば30万円支払うこと

になります。ただしゲームに参加しなくても、10万円だけ返金してくれると言うのです。
例によってルーレットを回す期待値を計算すると、100万円×0・3 −《マイナス》30万円×0・7＝9万円となります。つまり10万円の返金を受け取るほうが1万円だけですが得なのです。ところがルーレットを回す人のほうが多くなるのです。

投資の大損も同じメカニズムで説明できるのです。投資で勝つ基本は、利益を伸ばし損失を最小にしていくということです。今のゲームの例でいえば、コイン投げには参加し、ルーレットには参加しないという合理的判断を続けるということです。ところが多くの人は損失が出るとルーレットを回してしまうのです。

損を確定したくないという気持ちもあります。値下がりしている株も、このまま持ち続けていればいつか利益になるだろうという非合理な期待をして、本来は損切りすべきところでずるずる持ち続けてしまいます。

こうした思わず不合理な判断をしてしまう人間の特性（プロスペクト理論）をよく理解し、しっかりとした合理的なルールに裏付けされた投資のスキルを身につけなければならないのだということを、覚えておいてください。運や勘や感情任せの投資、他人任せの投資は、いつか必ず、大きな損失につながります。

1-4

家族に投資の意義を理解してもらおう

この項目の3つのポイント

1 投資をすることは、家族にも理解してもらうと良い。
2 家族が反対するよくある理由とは。
3 家族に納得してもらうための合理的な説明とは。

自分で投資をするには、家族にも「投資をする意義」を理解してもらうということは大切です。

その1回1回の投資が100%勝てるという方法はないと言いました。投資をすると、利益が上がることもあれば、損をすることもあるということです。損をしたときに、家族に説明ができないという投資家がいるのですが、家のお金を失ってしまって家族から非難をされたり、家族にも言えない副業をしている感覚に陥り「何か悪いことをしている」

という自覚を持ってしまう人が大勢おり、「お金儲けそのもの」を嫌うという方や投資をやっているなんて、口が裂けても他人に言えないという投資家も大勢いるのです。

しかし、投資は立派な経済活動です。投機的な投資（売買の利益のみを狙うトレード）だって、未来が不安な日本人にとっては、経済的な心の支えになるという意味では、立派な収入源候補です。

投資は、勉強しないと安定的に勝てるようにはなりません。また、残念ながら独学で勝てるようになるには相当な苦労を要するので、多くの投資家は、書籍を読んだり、セミナーに参加したり、講座に参加したりすることで、少しずつ勝てるようになっていきます。

本物のプロから学べるセミナーや講座、動画なども最近では増えてきていますが、週末のセミナーで外出をするだとか、セミナーの代金を支払うために家庭のお金を使うだとか**「投資以前に、投資の勉強をすること」にもお金が掛かるものです。**

できれば、勉強代などを掛けずにできるようになりたいという気持ちはわかりますが、車の運転と一緒で、「覚えておくべき知識」と「実践で身につけるべき技能」というものがあり、そこには多少の勉強代が掛かるものです。

投資をすることにもお金が掛かり、投資の勉強をすることにもお金が掛かるわけですが、投資で勝てるようになるスキルを身につけることは、それ以上に大きな人生のアドバンテージになります。ある程度の勉強期間があり、実践期間があり、時たま損をすることがあるけれども、トータルで考えると投資をする人生と、投資をしない人生では、投資をする人生のほうが圧倒的に豊かな人生を送ることができた、という風にすることは現実的に可能なことです。日本では非常識かもしれませんが、海外では「お金でお金を増やす、その方法を一人ひとりが学ぶべきだ」ということは人生を歩む上では常識的なことなのです。

なので、もしあなたが今後真剣に投資で勝てるスキルを身につけていきたいのであれば、家族への同意は必須です。投資をすることに反対をする家族がいるというケースはいくらでもありますが、大抵の場合は2つに分かれます。

1つ目は「損をする可能性があるので駄目」というケースです。損をするというのは、お金を失ってしまうという意味です。**投資で利益を上げている人は勝ち負けを繰り返しながらトータル勝負で安定利益を手に入れます。**しかし日本では勤め人として働いている上では自分でお金を使わない限りはお金を失ってしまうということはありません。自分の預貯金が増えたり減ったりしながら、トータルでは増えていくという経験をする人は勤め人にはほとんどないのです。

一方、会社経営や自営業をしている場合は話が別です。創業時には必ず自分の預貯金を資本金に回し、その資本金を使って仕入れをして、その仕入れを使って売上を上げ、利益を得て自分の給料に回すということを当たり前にやっています。投資もこの感覚に似ています。**ちなみに独立・起業に関しても、失敗してお金を減らす可能性があるということで家族が反対するケースが多いのも似ています。**

しかしこの先会社勤めがそれほど安心かはわかりません。こんな時代の選択肢の1つとして、投資はとても有効です。目先の損をする可能性があるから投資はやらないほうがいいというのは賢明な判断とは思えません。

2つ目のケースは、「楽してお金を稼ぐことは悪、汗水流して労働をすることが善」という考え方に基づくものです。コツコツと堅実に汗水流して働くことが素晴らしく、投資なんかでお金を稼ぐこと自体が好ましくないという考えを持っている人が日本には多いのです。

もちろん労働に関する価値観は人それぞれ異なります。一概に何が正しいとは言えません。しかし、高齢化がさらに加速していく日本社会においては、個人が納める税金がますます増えていくことが予測できます。今でさえ、お給料の額面からたくさんのお金が引かれていますが、手取りの収入はもっと少なくなるかもしれません。

税金を支払うのは国民の義務ですが、**現行の法律では、株式投資やFXトレードは、自分でいくら稼いでも一律約20%の税金で済むことになっています。**これが給与や事業収入ですと、累進課税ですから、稼げば稼ぐほど税金を納めなければなりません。**ちなみに、投資は投資でも、仮想通貨や海外投資、プロに運用を任せるファンドなどによる運用は雑所得になり、総合課税で累進課税の対象になりますので、注意が必要です。**

日本の社会において、公平に開かれた場所で、自分の知識をしっかりと高め、その知識を使うことでお金を生み出していくことができるというのは、私の知る限りでは投資以外には見当たりません。投資を極めていくことは、とてもやりがいのある目標だと考えます。

その目標の達成には長い時間がかかります。それまでやり続けるためには、家族が理解してくれることは極めて大切なことです。

1-5

ビジネスとして投資に取り組もう

この項目の3つのポイント

1 投資はショッピングではなく、ビジネスである。
2 まずは安定的に利益が期待できるルールを作る。
3 ルールができたら淡々とそのルールを守る。

投資を未来予想ゲームだとか、必勝法があって、そのとおりにやれば簡単に勝てるようなギャンブルのように考えている方が多いのですが、それは誤解です。最近ではスマートフォンのアプリなどで簡単に資産運用ができるサービスが増えています。スマートフォンで買い物をすることも当たり前になった今の時代には、ワンクリックで資産運用が始められるということも当たり前になってきましたが、そういう「簡単にできる環境の変化」も「投資は簡単に儲かるものだ」という誤解を生む1つの原因なのかもしれません。

投資が簡単にできる時代になったテクノロジーの変化は素晴らしいものです。しかし、だからこそ、よく考えてほしいと思うのです。**お金を使ってお金を増やすということの本質を理解せずに、お金をショッピングするかのように投じると大抵の場合は損をする結果になります。**日本人は学校でお金の勉強や投資の勉強をすることはないので、投資で堅実にお金を増やすための正しい教養を持っている人はほとんどいません。教養は1日で身につくものではありませんし、教養が身についたとしても利益は市場の動きに左右されるので、すぐに莫大な利益が手に入るわけではありません。

ですが、投資1年目の投資家にとって大切にしたい心得というものはあります。その心得とは、ビジネスとして投資に取り組むということです。

ほとんどの日本人投資家は「何かいい情報を手に入れれば儲かる」と誤解をしていますが、そんな夢のような情報はありません。継続して安定的な利益を得ることを目指すのであれば、他人の意見を鵜呑みにしてはいけません。**しっかりと投資を学び、模範的な行動を繰り返していく投資家のみが安定的な利益を得られるのです。つまり、投資も1つのビジネスなのです。**

ビジネスにおいては、たとえば会社員であれば必ず会社のルールに従わなければなりません。ルールの中には、絶対に外してはならない重要なルールもありますし、重要なルールと思われながらも実は会社の利益に直接つながらないようなルールもあるでしょう。しかしルールが会社にとって必要なものだと考えられているので、基本的には社員はそのルールを守ります。

ルールは社員に不自由を感じさせてしまうことがありますが、ルールがあるからこそ予期せぬトラブルを未然に防ぐという効力もあります。**投資家も同じく、利益を生み出すためのルールというものをきっちり作って、そのルールを守りながら利益を上げていくようにしていかないと、安定利益はなかなか実現できません。**

まだ株をやったことがない方は、読み飛ばしていただいても結構ですが、たとえば株で銘柄を選ぶ際にも、自分なりの銘柄選定の理由を決めておくことが大切です。JPX日経400というカテゴリの銘柄があります。これは資本の効率的活用や株主を意識した経営など、グローバルな投資基準に求められる諸要件を満たす「投資者にとって投資魅力の高い会社」400社から構成されるものです。

JPX日経400の選定方針に納得しているのであれば、この400社の中から銘柄を選ぶというルールにしてもいいでしょう。この中から自分の投資資金で選べる銘柄を絞り込み、さらに直近の株価の推移を見て、上昇トレンドに転じたところだろうという銘柄があれば、それを買うなどといったルールをさらに付け加えるのもいいでしょう。

大切なことは、ビジネスとして、決めたルールを守ること。そして、淡々とそのルールを継続することで利益を積み上げていくことです。もちろんそのルールにある程度の根拠があることが大前提ですが、時にはルールを守り、時にはルールを守らないという投資を続けていると、結局は感情に任せたギャンブル的な投資になりがちで、将来的に安定した利益を得ることはできません。

投資は勤めることで得られる収入とは違い、時間や場所などの自由度が圧倒的に高いという特徴があります。ネットで投資が簡単にできる時代になり、簡単に資産運用が始められるようにはなりましたが、「楽に稼げる」ようになるには、ビジネスと同じように「稼げる仕組み」の下準備を行う必要があるのです。**投資も1つのビジネスだから、ビジネスとしてゼロから勉強し、最終的には収入源を構築していくのだという決意が、投資1年目の投資家には必要です。**

1-6

投資の勉強には終わりがないことを知っておこう

この項目の3つのポイント

1 投資は公平に与えられた最高の収入源候補である。
2 身につけた投資技術と頭脳は一生ものである。
3 投資でも常に自己研鑽《けんさん》し続ける意欲がとても大切。

投資は、トータル勝負で勝ち負けが決まっていくものです。たとえて言うと、野球のようなものです。野球というのは1回でたくさんの点数が取れれば勝ちというゲームではなく、攻撃や守備を繰り返し、相手の出方によって戦術を柔軟に変えながら、9回まで戦って最終的に点数が高いチームが勝ちというゲームです。相手は無数にいますから、相手によって対処の仕方を変えなくてはなりません。必勝法はなく、自分のチームの選手が怪我をしてしまって、いつもならできることができなくなるということさえあります。

投資もこれに似ていて、相場を動かすのは基本的には人であり、感情を持っています。相場を短期的に動かすことができるぐらいの大きな資金量を持った機関投資家でも、最終的に売買の判断をするのは人間です。

相場の世界は、そのときの状況に応じてやり方を変えていく必要があります。プロであっても百戦百勝ということはなくて連敗が続くことさえあるわけですが、プロはそういうときには新しい方法を試すものです。1年目の投資家にとっては難しい話かもしれませんが、**相場には必ず相手がいるものです。そして状況によって相手の出方は変わっていきます。したがって私たち投資家の学びに終わりはありません。**次々と新手法が登場してくるからです。相手も新手法を使いますし、私たちも新手法を使いこなす必要があります。

投資の勉強を長く続けていくと、投資家としてレベルアップして勝つ確率は高くなりますが、それでも1回の大損で再起不能になる可能性がいつでもあるのが投資の世界です。**したがって投資家として長く安定して利益を上げていくためには、調子に乗ることは禁物です。自分は投資家としてはどこまでいっても不完全であり、いつでも損失をす**

る可能性があるという心構えを持って、常に学び続けることが肝心です。それは謙虚な姿勢ですが、しかしその謙虚さこそが投資家としての自信を作ってくれるのです。

ですが安心してください。投資の勉強は実は楽しいものです。投資の勉強を続けていくと、世の中の動きや時代の移り変わり、お金の流れや政治の話が、すべて1つにつながってきます。以前は関心がなかった海外の政治の情報や、さまざまなニュースなどが理解できるようになります。教養がどんどん深まっていく実感も捨てがたいでしょう。何よりその情報が、自分の儲けにダイレクトにつながるということを感じ、そしてそのとおりになったとき、投資の勉強の醍醐味にあなたは気が付くことでしょう。投資の勉強を正しく続けている限り、その日は必ずやってきます。

第2章

投資1年目から「安定投資家」になるための5箇条

本章では、私が命名しました「安定投資家」になるために必要なことを学んでいただきます。

目指すは年利30～40％の利益を毎年出すことです。

2-1

「安定投資家」になろう

この項目の3つのポイント

1 安定投資家とは何か。
2 小さな利益の積み重ねが億の資産を作る。
3 小さな利益を積み上げる確かなスキルを学ぼう。

投資をする上で最も大切なことは、お金を大きく失わずして、着実に増やしていくということです。これができる、**安定して継続した利益を上げる投資家のことを「安定投資家」と呼びます。この言葉は、実は、私の造語です。**

投資にはさまざまな儲け方があります。たとえば10倍株のテンバガーなどの大化け株を狙ったり、仮想通貨バブルのようにリスクはあれど、一発逆転ホームランのような儲けを狙ったりする方もいますが、**安定投資家が最も大切にしていることは、堅実に利益を積み上げていくという方針です。**大損をしないような投資の方法を行い、コツコツと利益を積み上げていくことを最も大切にしているのです。

時にはもっと儲かることもありますが、**年利30〜40%が、安定投資家が目指す目標利益です。これを達成するために自分自身で運用していく投資法を確立していくことが大切です。**

No.	年数	元利合計	利息	実質金利
1	1年目	1,360,000	360,000	36%
2	2年目	1,849,600	849,600	84.96%
3	3年目	2,515,456	1,515,456	151.5456%
4	4年目	3,421,020	2,421,020	242.102%
5	5年目	4,652,587	3,652,587	365.2587%
6	6年目	6,327,519	5,327,519	532.7519%
7	7年目	8,605,426	7,605,426	760.5426%
8	8年目	11,703,379	10,703,379	1,070.3379%
9	9年目	15,916,595	14,916,595	1,491.6595%
10	10年目	21,646,570	20,646,570	2,064.657%
11	11年目	29,439,335	28,439,335	2,843.9335%
12	12年目	40,037,495	39,037,495	3,903.7495%
13	13年目	54,450,994	53,450,994	5,345.0994%
14	14年目	74,053,351	73,053,351	7,305.3351%
15	15年目	100,712,558	99,712,558	9,971.2558%
16	16年目	136,969,078	135,969,078	13,596.9078%
17	17年目	186,277,947	185,277,947	18,527.7947%
18	18年目	253,338,008	252,338,008	25,233.8008%
19	19年目	344,539,690	343,539,690	34,353.969%
20	20年目	468,573,979	467,573,979	46,757.3979%

※税金は加味していません

上の表は、資金100万円に対して年間36%を複利運用で20年間継続した場合の計算表となります。年間36%というと月3%という計算となります。月の複利は計算をシンプルにするために無視しています。この場合は、100万円の資金で翌月103万円になる、というような運用法です。

読者の中には、一発で巨額な儲けを手に入れたいと考えている方もいるかもしれませんが、そのような投資法は人生のうちで何度も成功することではありません。成功する前に大損する確率のほうが高いでしょう。

堅実に手堅く、しかし長い目で見たら大きく稼いでいきたいということであれば、年30～40％の利回りを確実に生み出す手法を身につけることをお勧めします。それで表のように財を築くことが可能なのです。

投資で大きく稼ぐために必要なことは、単刀直入に言えば大きな資金です。前述したように大きな資金での運用は難易度が高くなります。しかし大きく稼ぎたいのであれば、大きな資金で売買をすることは避けられません。ではどうしたらいいかというと、安定投資家として、自分の器の範囲内の小額資金を運用して、年30～40％の利益を上げたという成功体験を積み重ね、**少しずつ自分のスキルと器（メンタル）を大きくしていくことです。それがいっけん遠回りに見えて、実は最も確実で早い方法なのです。**

確かな投資技術とメンタルによって利益を生み出すことができるようになれば、同じようにして何度でも繰り返し利益を生み出すことができるようになります。一生に数回、ギャンブルのような大勝負に勝つことではなく、再現性のあるやり方で何度も小さな勝負に勝てば、あなたは必ずお金持ちになれるのです。

2-2

インベストメントではなくトレードをしよう

この項目の3つのポイント

1 投資にはインベストメントとトレードがある。
2 投資の中でも、これからはトレードをやろう。
3 トレードは対処の仕方を覚えれば利益が安定する。

日本では「投資」というとインベストメントとトレードの両方を含んだ広い意味で使われることが多いようです。**インベストメントもトレードも「同じようなもの」と考えている投資家がいますが、この2つは異なるものです。**トレードも、株やFXなどにお金を投じて利益を上げようとする行為であるという点では同じですが、「勝ち方」がまったく異なります。

インベストメントとは、価値に対して資金を投じることです。株式投資の場合では、企業価値などに注目して資金を投じることをインベストメント（あるいは単に「投資」）と呼びます。したがってインベストメントでは、企業の成長性、将来性を分析し、企業価値が上がることを期待してお金を投じることになります。**インベストメントをするには、その企業の属する業界の成長性、経営計画など、つまりファンダメンタルズを勉強しないといけません。また企業価値が上がるまでにはある程度時間がかかりますので、中長期的な視点で物事を考えることも必要になります。**

インベストメントでは、本来よりも割安な株価の銘柄を見つけてきて高く売る「バリュー投資」、現在は安いけれども将来的に成長が期待できる銘柄を見つけてきて、仕込んでおく「グロース投資」などの方法があります。**要するに、他の人には見えていない、その企業の「価値」に焦点を当て、本来の価値あるいは将来の価値に比べて現在は「安い」と判断して資金を投じるのが、インベストメントです。**

このように価値に重点を置くインベストメントに取り組むには、長期的視野と深い学びが必要です。そこで私が考えるのは、日本人が投資1年目でまず学ぶべきことは、トレードだということです。ちなみにトレードは「投機」と呼ばれることもあります。投機を

「ギャンブル」のように思い込んで、危険なものだと勘違いをしている日本人は多いのですが、**結論から言えば、トレードこそ再現性が高い上にリスク管理がしやすい売買ルールを作り上げることができ、最も堅実に利益を狙える投資の方法です。**トレードを正しく学べば、大損を未然に防ぐこともできるし、コツコツと利益を積み上げることもできます。

トレードにおいて大切なことは、価値ではありません。株式トレードとは、個別銘柄の株でトレードすることですが、株式トレードで利益を上げるために企業の価値は関係ありません。

トレードにおいて大切なことは、現在の価格とこれまでの過去の値動きです。現在の価格が過去と比べてどうかで、今買うべきなのか、売るべきなのかを判断していきます。投資の世界では、価格の動きをまとめた図をチャートと言い、**トレードではチャートを使って分析を行い、売買の判断をします。**

インベストメントの場合は、企業の決算書や経営計画の資料などだけを見て、チャートを見ずに銘柄を決める投資家もいます。しかしトレードで、チャートを見ずに注文す

ることはあり得ません。チャートを見ずに売買するのは、それこそ丁半博打のようなものです。

チャートとは「過去」の価格の動きをまとめたものであり、トレードはその過去の情報に基づいて行われます。その意味では、インベストメントが未来予測であるのに対して、トレードは未来予測ではありません。**トレードは現在起こっていることへの対処なのです。つまり、利益を上げていきたいと思うのであれば、「対処の仕方」を学ぶことになります。**

トレード、すなわち「対処」ができるようになると、時間や場所、組織などに左右されない収入源候補を手に入れることができます。こういうケースではこうする、ああいうケースはああするといったことが対処であり、経験による積み重ねでスキルが高まるものなのです。

さらに、トレードは「ルールが作れる」という強みがあります。トレードルールと言います。トレードルールとは、いつ買うか、どのようになったら買うか、いつ売るか、どのようになったら売るか、などの売買のルールを作ることですが、一流のプロのルールというものは、利益を生み出すビジネスモデルのようになります。

もちろん、注意も必要です。いくら優れたルールであっても100%勝てるルールはありませんから、鵜呑みにしてはいけません。必ず勝ち負けを繰り返します。しかし、**勝ち負けを繰り返しながら、堅実に勝てるルールというものは、必ず作り上げることができます。それが、トレードを行い、技術を磨き続けることの大きなメリットです。**

インベストメントは、将来実れば勝ちですが、結果が出るまでに時間がかかることが大半です。時間がかかる分、突発的な事件や経済情勢の変化など不確定要素も増えます。一方トレードは、過去のチャートから「注文する理由」「決済する理由」を見つけ出し、その理由が正しければ儲けることができます。極めて技術的な話であり、技術ですから経験を積めば積むほど磨かれます。**天才的なひらめきが必要なわけではなく、老若男女を問わず努力と経験を積めば誰でもできる、極めて「民主的な」収入源候補だと言えます。**

2-3

予想はするな、「トレードエッジ」で注文しよう

この項目の3つのポイント

1 有利な局面を示すトレードエッジとは何か。
2 トレードエッジがあるところのみで勝負しよう。
3 トータル勝負で利益を勝ち取る取り組み方をしよう。

「投資」は未来を予想するものだという投資家が大多数でしょう。**しかし前節にも書いたように、「トレード」という方針で売買するのであれば、予想ではなく「対処」で利益を上げることです。**

投資の世界には「絶対」というものはありません。1回の売買においては、いくら信用しているアナリストからの情報であっても、いくら百戦錬磨のプロの投資家であっても、絶対ということはありません。当然ながら、一発逆転ホームランを狙うような投資

（これはギャンブルです）は、控えるべきでしょう。

しかし、中には「絶対」がない世界にお金を投じること自体を「ギャンブル」と考える方もいることでしょう。そこで少したとえ話をします。

私とあなたで賭けをすることになりました。賭け金は100万円。私が勝てば、あなたは私に100万円を支払わないといけません。あなたが勝てば、もちろん私があなたに100万円を支払います。ただし賭けのルールは少し変わっています。これからサイコロを使った3つの賭けについて説明しますので、それを聞いて、「これなら手堅く自分が勝てる」という賭けがあれば、参加してください。そうでなければ、参加しないでください。

では1つ目の賭けについてです。

1回だけサイコロを振って、偶数が出たらあなたの勝ち。奇数が出たら私の勝ちです。いかがですか？　いかさまはありません。普通のサイコロです。偶数が出る確率も奇数が出る確率もともに50％です。

参加者はいないようですね。

賭け金 100 万円として

賭け①	**1 回だけ**サイコロを振って **偶数**が出たら → **勝ち** **奇数**が出たら → **負け**	勝ち目は $\frac{1}{2}$ **の確率**
賭け②	**1 回だけ**サイコロを振って **1〜4**が出たら → **勝ち** **5か6**が出たら → **負け**	勝ち目は $\frac{2}{3}$ **の確率**
賭け③	**賭け②のルールで** **サイコロを 100 回振って** **トータルの勝ち数が多いと** **100 万円もらえる**	**トータルで** **勝てる！**

【大数の法則】試行回数が多ければ多いほど、「結果として得られる出現率」は「理想の数値」に近くなっていく

では、第2の賭けにまいりましょう。

1回だけサイコロを振って、1〜4が出たらあなたの勝ち。5か6が出たら私の勝ちです。さあ、この勝負に乗る人はいますか？

現実の話をすると、私が創業した投資の学校で何度も出題したところ、ある一定数の人がこの勝負に乗ろうとします。3分の2の確率で勝ち目があるからですね。**しかし、この勝負に乗っているようでは、安定投資家にはなれません。**

あなたは乗らなかったようですね！　では、最後の賭けに行きましょう。

1～4が出たらあなたの勝ち。5か6が出たら、私の勝ちです。ただし2回目の勝負と違うのは、サイコロを100回振って、トータルの勝ち数が多いほうが100万円もらえるということです。

世の中には絶対ということはないから、こんな賭けにも乗らないという方もいるかもしれません。しかし中学・高校で数学の成績が良かった人だったら、必ず乗る勝負のはずです。**そしてこれこそが、私のいうトレードでの勝利です。**

数学はちょっと苦手でしたという方のために、若干の解説をいたします。これはほぼ間違いなく「絶対」勝てる勝負です。この「絶対」の背景には、**「大数《たいすう》の法則」という、数学的な法則が存在するからです。**

この大数の法則は、金融、政治、社会および経済を語る上で、実は欠かすことができないものです。銀行が企業にお金を貸せるのも、保険会社が保険料の計算ができるのも、視聴率を割り出すことができるのも、選挙の開票で「当確確実」がすべての開票が終わっていないのに発表できるのも、すべて大数の法則が根拠になっています。

大数の法則を簡単に説明すると、試行回数が大きければ大きいほど、「結果として得られる出現率」は「理想の数値」に近くなっていくということです。

今回の賭けを例にとると、1～4が出る確率は約66・7％で、5か6が出る確率は約33・3％です。つまり1回勝負なら3回に1回は、5か6が出てくることになり、100万円を賭けるにはリスクが大きすぎます。しかし10回、50回、100回とサイコロを投げれば、そのうち1～4が出る回数は、投げる数が多くなるほど66・7％に近づいていきます。これが大数の法則の意味です。

したがって「勝った回数」の勝負であれば、これはサイコロを投げる回数が増えれば増えるほど勝てる確率が高まっていくわけです。10回ぐらいなら負けるかもしれませんが、100回ならほぼ間違いなく勝てるでしょう。それでも不安ならば1千回勝負、1万回勝負に持ち込めばいいでしょう。

おわかりいただけたでしょうか。どうも数学は……という方は、実際にサイコロを100回振ってみて、出た目を記録することをお勧めします。体感的に意味が理解できるはずです。

さて今のたとえ話を実際のトレードに当てはめて考えると、**まず確率的に有利な局面を発見する方法を学び、同じ局面ではぶれずに必ず同じ意思決定を繰り返す**、つまりトータル勝負で利益を上げることを心がければ、トレードでは堅実に安定的に利益を積み上げていくことができることになります。

この「確率的に有利な局面」のことを、「トレードエッジ」と言います。またトレードエッジがある局面のことを、「エッジがある局面」と呼びます。安定投資家になるための鍵は「エッジのある局面のみ」でしか売買しないという方針で臨むことです。

ただしエッジがある局面といっても、実際のところは何％くらいの確率で利益が上がるかと言えば、80％以上ということはほとんどありません。60～70％という程度です。先ほどのたとえ話と同じです。１００回やれば勝っている回数のほうが多くなりますが、途中ではいくらでも負けることがあるということです。連敗も珍しくありません。

しかし60～70％の勝率のトレードエッジだとしても、１００回勝負すれば60～70％は勝てることになります。負けの額を少なくし、勝ちの額を多くすれば、かなりの利益が残ります。これがトータルで勝つということです。

いけないのは、トレードエッジが来たのに、その都度ケースバイケースで対処を変えることです。60~70%の確率が、ケースバイケースの対処に変えることで、基本的には「未知数」になってしまいます。それで勝てることもあるでしょう。しかし未知数ということはトータルすれば五分五分、つまりせいぜい50%になってしまいます。

もう1ついけないことは、１００回やればトータルで勝てるとわかっているのに、途中で大損して次の勝負にいけなくなってしまうことです。

トレードエッジを見つけたら常に必ず同じ対処をし、大損だけはしないよう自分に課した損切りルールを守り抜きましょう。そうすればトータルで勝てるということを、数学（大数の法則）が保証してくれているのです。

“2-4”

チャート分析でトレードエッジを発見しよう

この項目の3つのポイント

1 トレードエッジはチャート分析で発見できる。
2 チャート分析だけでも優位なトレードはできる。
3 チャートで優位性を発見できる眼を養うことが大切。

チャートとは、株価や通貨の値動きの推移をグラフ化したものです。チャートを分析できるようになると、以下のようなメリットが享受できるようになります。

◉他人からの情報に惑わされずに自分の意思で勝てる投資ができるようになる。
◉何度も繰り返し投資チャンス（トレードエッジ）を発見できるようになる。
◉パソコンやスマホの向こう側にいる投資家心理が理解できるようになる。

チャートとは、ローソク足を時系列に並べて
値動きの推移をグラフ化したもの

◉投資をルール化することができ、感情で右往左往しにくくなる。

◉しっかりと確かな投資方針を確立できるようになる。

チャートではローソク足という記号が使われています。

ローソク足には、陽線と陰線の2種類があります。陽線は「価格が上がっている状態」を示し、陰線は「価格が下がっている状態」を示します。陽線は「どこからどこまで、どんな風に価格が上がったのか」、陰線は「どこからどこまで、どんな風に価格が下がったのか」を、「始値《はじめね》」「終値《おわりね》」「高《たか》値《ね》」「安値《やすね》」という4つの価格を1つの記号に含めることで、簡潔に表現しています。ローソク足については後ほど詳しく説明します。**チャートを改めて定義すると、ローソク足を基本単位として、ローソク足を時系列に並べることで値動きの推移をグラフ化したものです。**

チャートは、過去の実績なので、未来のことはわからないという投資家もいますが、トレードはそもそも予想するものではありません。重要なことは、チャートによって現在の状況を正しく把握することです。チャートという過去の値動きの記録を見ながらこれから上がるのか、下がるのかを判断している投資家が世界に数え切れないほどいるということです。これは機関投資家など、大量の資金を運用するプロ中のプロであっても変わりありません。

つまりチャートを見ながら、「これから上がる」と思った投資家が多ければ、買い注文が増え、価格は上がりますし、「これから下がる」と思った投資家が多ければ、売り注文が増え、価格は下がるということです。**つまりチャートを見ている投資家たちの人間心理の集合が価格を決めるということなのです。**

このことこそがチャートを重要にしている要因であり、チャートを見ることに意義があることの根拠なのです。

2-5

塩漬けは絶対にやめよう

この項目の3つのポイント

1 大損や塩漬けを絶対にしてはいけない理由。
2 トータル勝負で確実に勝つための「確率」の理論。
3 現時点でエッジがある銘柄・商品を常に保有しよう。

トレードエッジという考え方を知り、確率的に投資で収入を得るべくトレードエッジが発生したときだけに取引をするように心がけたとしても、3連敗、4連敗することはざらにあります。**しかし痛いのは連敗ではありません。連敗の際に資金がなくなってしまって、「次の勝負」ができなくなることです。ゲームアウトになって、市場から退場させられる、これが最も痛いのです。**

連敗どころか1回の大失敗で、それまで積み重ねてきたすべてのお金を吹き飛ばしてしまうこともあります。100万円の資金を使って、多くのトレードを重ねてきて、投資資金を倍の200万円まで増やしたとします。その資金を含めてより大きなトレードを行うことでより大きな利益を狙える素晴らしい局面にまで育ってきたところです。しかしここで、たった1回の取引で150万円の大損を出してしまったとしたら、50万円の資金から投資家生活を再スタートしなければなりません。

50万円からもう一度200万円に戻すには、そのときの相場状況に左右されるにしても、以前100万円から200万円にしたときよりも、はるかに時間がかかります。お金だけではなく時間も浪費するという意味でも、投資における大損は絶対に回避をすべきなのです。**だから、たとえば2%の含み損が出たら決済するといった損切りルールを設定したら、それを徹底して守ってほしいのです。**ある程度、投資技術が高まった後には、自分都合で2%だとかいう損切りラインを決めずに、相場都合に任せた損切りラインを決めるということもできますが、大損するくらいなら、一定のパーセントで、自分都合での損切りも、次の売買を行うための資金を確保するために止むを得ないと考えることが得策です。このようなルールを守っている限り、破滅的な大損はあり得ませんし、いつまでも次の打席に立つことができ、トータルで勝つことができるのです。

損切りが遅れるのと同じぐらいやってはいけないことが塩漬けです。

「自分のお金で株を買って売る」という現物株取引の場合、投資している会社が倒産でもしない限りは資金がゼロになることはありません。信用取引やFXのように強制ロスカット（142ページ参照）にはならず、含み損になります。そして一時的に含み損が出ても、投資資金がゼロになることはないので、決済して損を確定せず「利益が出るまで持っておく」投資家が日本ではとても多いのです。

含み損が大きくなりすぎたので決済できないことを「塩漬け」と言い、**このような投資行動をとる投資家を「塩漬け投資家」と言います。このような投資家は安定投資家とは言えません。**

その理由は、塩漬け中の銘柄があるせいで、資金を自由に使えないからです。

塩漬け中の銘柄は、塩漬け投資家が見ても、「いま新たに買うなら絶対に買わない」銘柄でしょう。

たとえば塩漬け銘柄を300万円買っていたとしましょう。それが暴落して、今では

100万円になりました。200万円の含み損が発生しています。もちろん株価が再上昇して、含み損が減る可能性はあります。しかし暴落した理由があるわけで、もとの300万円に戻る可能性は極めて低いと言っていいでしょう。それに賭けるとなると、それこそ「かもしれない」という根拠のないことに賭けているわけで、ギャンブルだとしても割りの合わないギャンブルです。

安定投資家が考えることは、「現時点でよりエッジのある銘柄」を常に保有することです。エッジのある銘柄のほうが「上昇する確率が高い」からです。そうであれば、塩漬け銘柄を持ち続ける理由はありません。優位性がなくなったからです。であれば、それを売って得た100万円でよりエッジのある銘柄を買えばいいわけです。そのほうが塩漬け銘柄が200万円上がるのに期待するよりも、ずっと上がる確率が高いからです。

つまり塩漬け銘柄の100万円よりエッジのある株の100万円のほうが、これから値上がりする確率が高い。それどころか塩漬け銘柄はさらに値下がりする確率のほうが高いのです。

仮に「私の持っているエッジのある株100万円分を、あなたの持っている塩漬け銘柄100万円分と取り替えてくれませんか」という人が来たら、喜んで交換するのが普通でしょう（もちろんこんな奇特な人がいるとは思えませんし、いても裏があるのではと勘ぐってしまいます）。塩漬け銘柄を決済して、そのお金でエッジのある銘柄に買い替えるというのは、厳密には手数料がかかりますが、この交換とまったく同じ話なのです。

そう考えたら、塩漬け銘柄を持ち続けるのは本当にばかばかしいことです。塩漬けだけは絶対にしてはいけません。

第3章

投資1年目から利益を出すための9箇条

熟練の投資家になればなるほど、手法はシンプルになります。
世の中にはさまざまな売買手法がありますが、再現性が高い王道として、
投資1年目から利益を出すために、覚えておくべき考え方を公開します。

3-1

ローソク足の見方を知っておこう

この項目の3つのポイント

1 ローソク足の意味がわかるようになろう。
2 時間足の異なるローソク足の関係性を知ろう。
3 ローソク足の組み合わせでわかる優位性とは。

投資を始める前に必ず覚えておかなくてはいけない「ローソク足」というチャートがあります。

株をやるにもFXをやるにも、その他のトレードをするのでも、チャートを使ってトレードをする場合には、ローソク足を読めるようにならなくてはなりません。ローソク足とは、過去の価格の動きを図にしたものです。

ローソク足を読めるようになると、過去の一定期間において、株価などの価格がどれくらい上昇したのか、どれくらい下降したのかが一目瞭然でわかるようになります。上

昇をしたときは、陽線と呼ばれるローソク足で表示され、下降をしたときには陰線と呼ばれるローソク足で表示されます（図1）。

図1

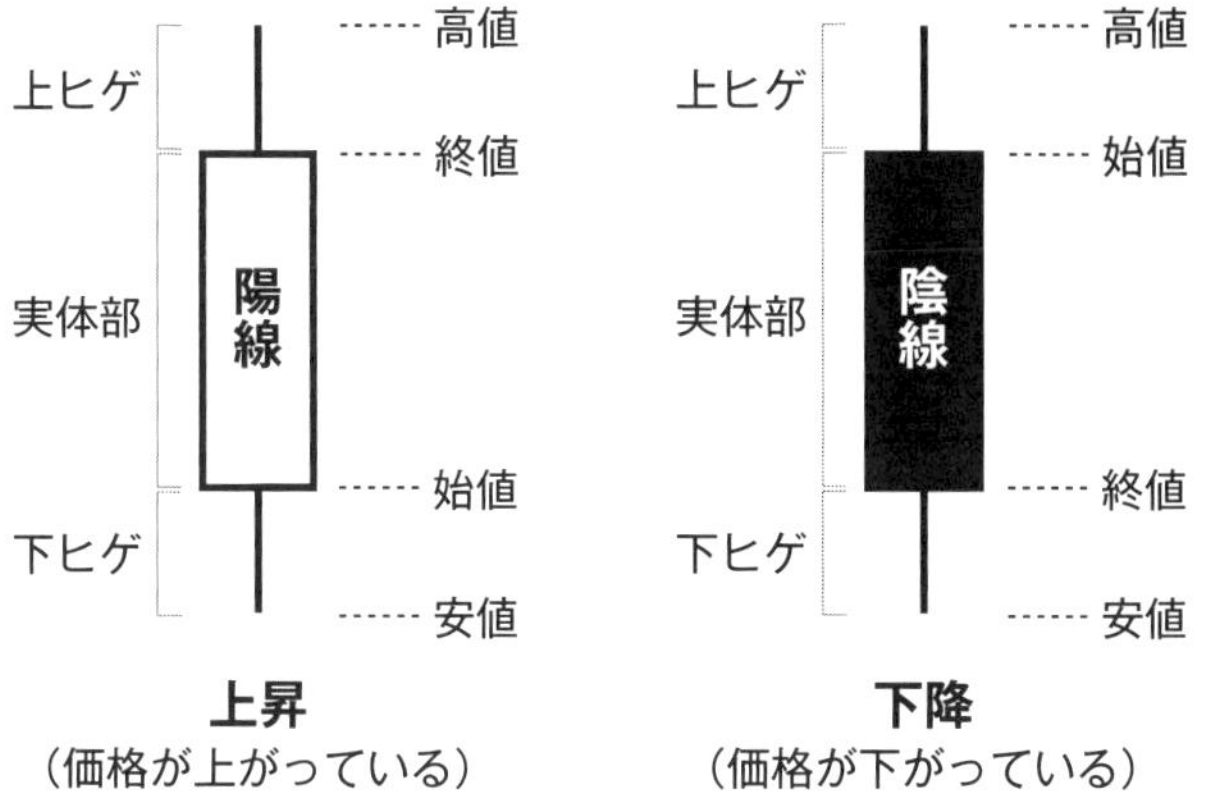
上ヒゲ
実体部
下ヒゲ
陽線
高値
終値
始値
安値
上昇
（価格が上がっている）
上ヒゲ
実体部
下ヒゲ
陰線
高値
始値
終値
安値
下降
（価格が下がっている）

ローソク足は、相場の「今」を正しく把握するためにとても重要な指標となります。

このローソク足は、1日や1時間というような、時間を区切ったときの始値《はじめね》、高値《たかね》、安値《やすね》、終値《おわりね》という四本値と呼ばれる値でできあがります。

まず、陽線について説明します。**陽線は、その一定期間の終値が始値に対して、どれくらい上昇をしたのかということを表しています。**上昇相場では、長い陽線が出てきたり、陽線が続くことが多いです。

次に、陰線について説明します。**陰線は、**

難しい価格の動きもローソク足を見れば一目瞭然

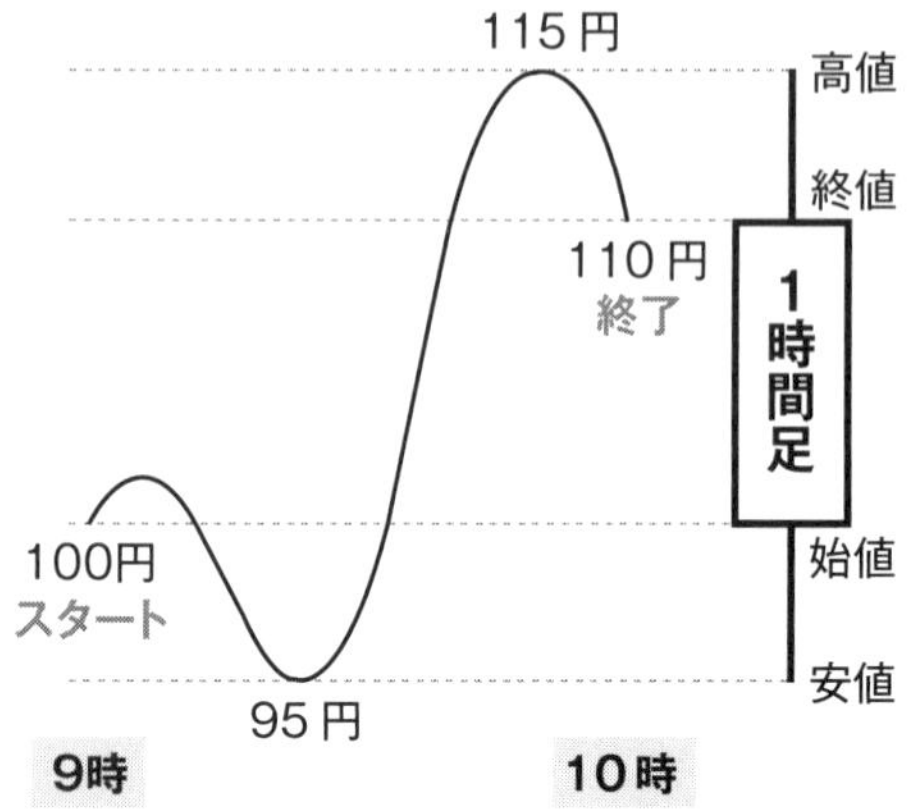

9時に100円から始まり、
95円で最も安い価格をつけて、
115円という高値をつけたが
10時には110円で
この1時間は終了した。

これが1時間足1本のローソク足でわかる！

このような価格の変化を
読めるようになるのは
投資家として超重要！

その一定期間の終値が始値に対して、どれくらい下落したのかを表したものです。

また、ローソク足の実体部の上と下に出ている線は「ヒゲ」と呼ばれ、上値の線を「上ヒゲ」、下値の線を「下ヒゲ」と呼びます。

ローソク足は、実体部だけではなくて、上ヒゲや下ヒゲも含めて、今後の価格の動きを予測する上で大切なので、必ず意味を理解しておきましょう。

ローソク足は、投資をしていない人でも一度くらいは目にしたことがあるような有名なものです。実際に、投資経験がある程度ある人で知らない人はほとんどいないので、それだけローソク足を使って売買をす

図2　陽線（ヒゲがある場合）

始値	1000
高値	1190
安値	980
終値	1130

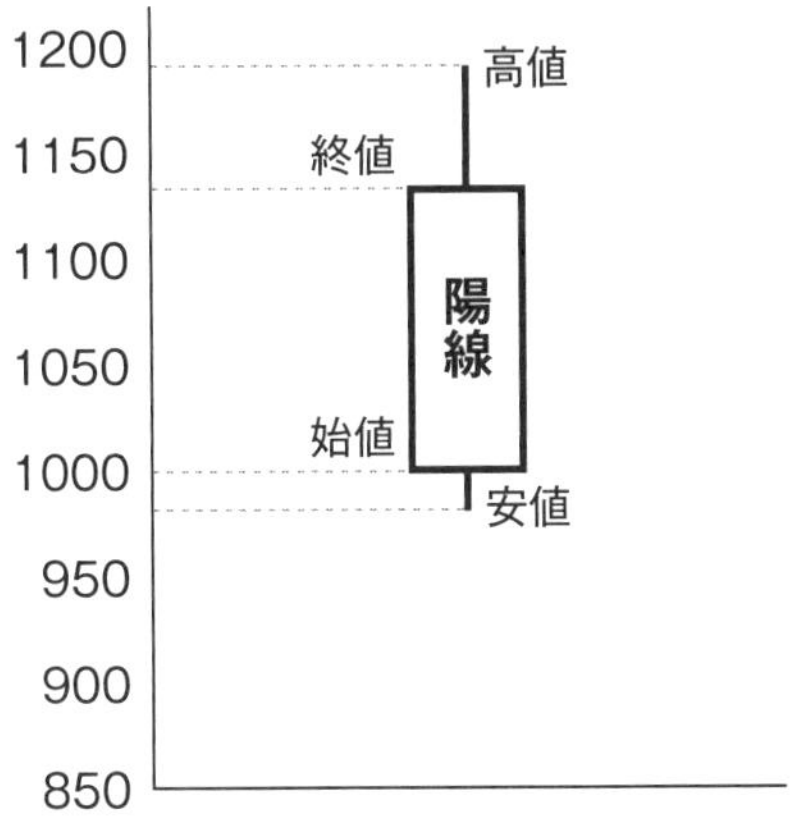

る投資家は多いということです。ローソク足を見て、売買をするポイントを探す投資家はたくさんいます。

ローソク足には、過去の価格の動きが嘘偽りなく明確に記されています。ローソク足が読めるようになると、価格の動きの裏側にある「投資家の感情」を読み取れるようになります。**ローソク足の形から、今投資家たちは価格が上昇してほしいと願っているのか、下降してほしいと願っているのか、どうしたらいいか迷っているのか、というところまで読めるようになります。**

陽線には、ヒゲがある場合と、ヒゲがない場合があります。ヒゲがある場合から説

図3　陽線（ヒゲがない場合）

始値	1000
高値	1150
安値	1000
終値	1150

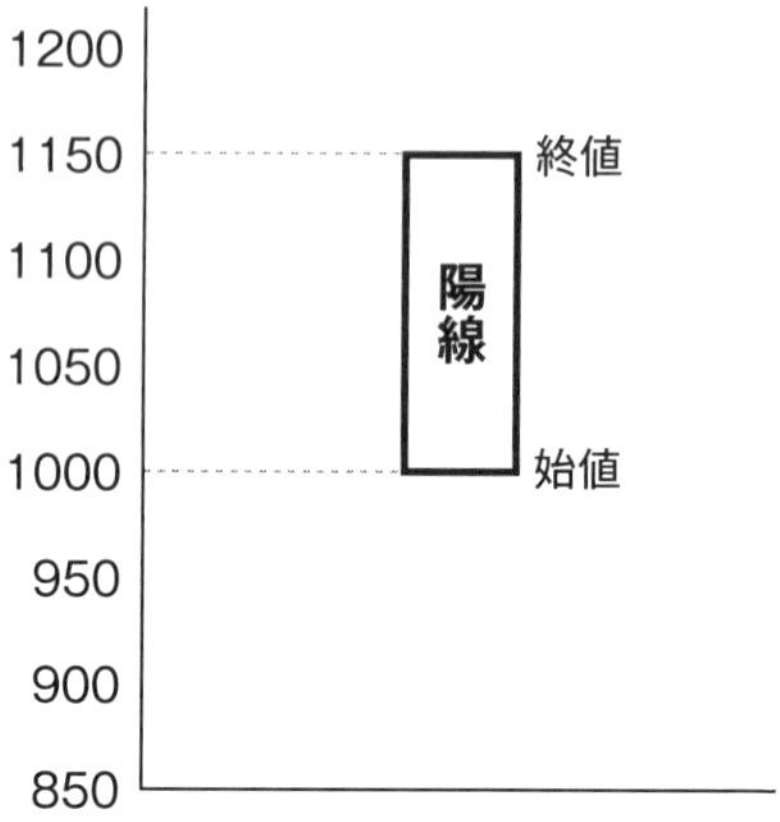

明をしていきます。ある企業の株価が1日を通じて、次のように動いたとします（図2）。

ヒゲがあるのがわかると思いますが、**ヒゲは安値や高値が実体部を作る価格よりも高い場合や、安い場合に出てきます。**ヒゲにも読み方があり、**上ヒゲが長い場合は、売り圧力が強いという意味になり、下ヒゲが長い場合には、買い戻しの勢いがあるなどと見ることができます。**これがローソク足を読むということです。たいていの場合はヒゲが出てきますが、ヒゲがない場合もあります。図3のケースです。

ヒゲがない陽線だけのローソク足ができあがりました。このローソク足は別名「陽の丸坊主」とも言われ、**投資家の強い買い意**

図4　陰線（ヒゲがない場合）

始値	1150
高値	1150
安値	1000
終値	1000

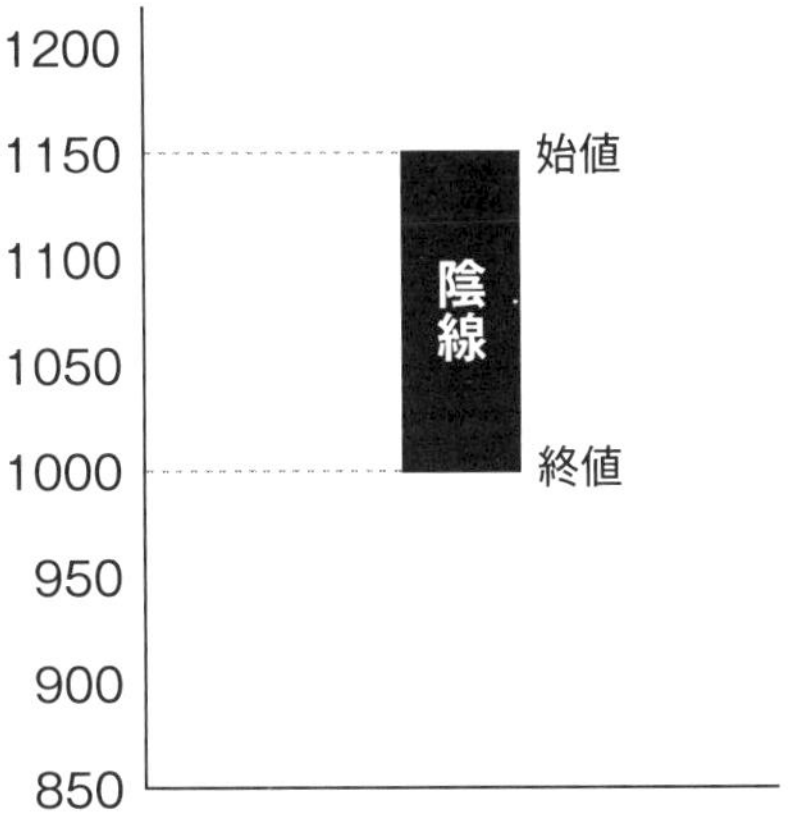

欲を意味するものです。強い上昇相場の中に発生したり、下落した後に上昇に転じる際に発生したりすることがあります。強い買いの意味を持つローソク足ですが、**このローソク足を発見した後には、買いに優位性（エッジ）が生じることが多いので、買いエントリーの準備をすると良いでしょう。**

一方、ヒゲがない陰線も発生することがあります（図4）。ヒゲがない陰線は「陰の丸坊主」と呼ばれ、期間内の値動きがどうあれ、**最初から最後まで、売られ続けたという意味で、強い売り意欲を示しています。**

このように1本のローソク足からもさまざまな意味を読み取ることができます。

ローソク足には、期間によってさまざま

な種類があります。期間は大きく分けて、分足、日足、週足、月足あたりを覚えておくと良いです。

分足とは、「分」を期間に設定したローソク足のことです。一般的には、1分足、5分足、15分足、30分足などの期間が設定されています。**短期トレードをするデイトレーダーが使用することが多い足です。**

日足とは、「日」を期間に設定したローソク足のことです。たとえば株式市場で言えば、寄り付きの9時から大引けの15時までの期間で設定されています。FX市場で言うと、ほぼ24時間で設定されています。**日足チャートは、デイトレーダーやスイングトレーダー（保有期間が数日から数週間）など、中期目線で投資をする投資家に幅広く活用されています。**

週足とは、「週」を期間に設定したローソク足のことです。株式市場で言えば、月曜日から金曜日までの価格の動きの中から、月曜日の始値、金曜日の終値と、その週で最も価格が高かった高値と、最も低かった安値で構成されるローソク足です。**週足を使用したチャートは、中期投資から長期投資をする投資家に活用されたり、デイトレーダーの中でも、大局を見た上で、本日の売買判断をしたいという投資家にも活用されます。**

図5

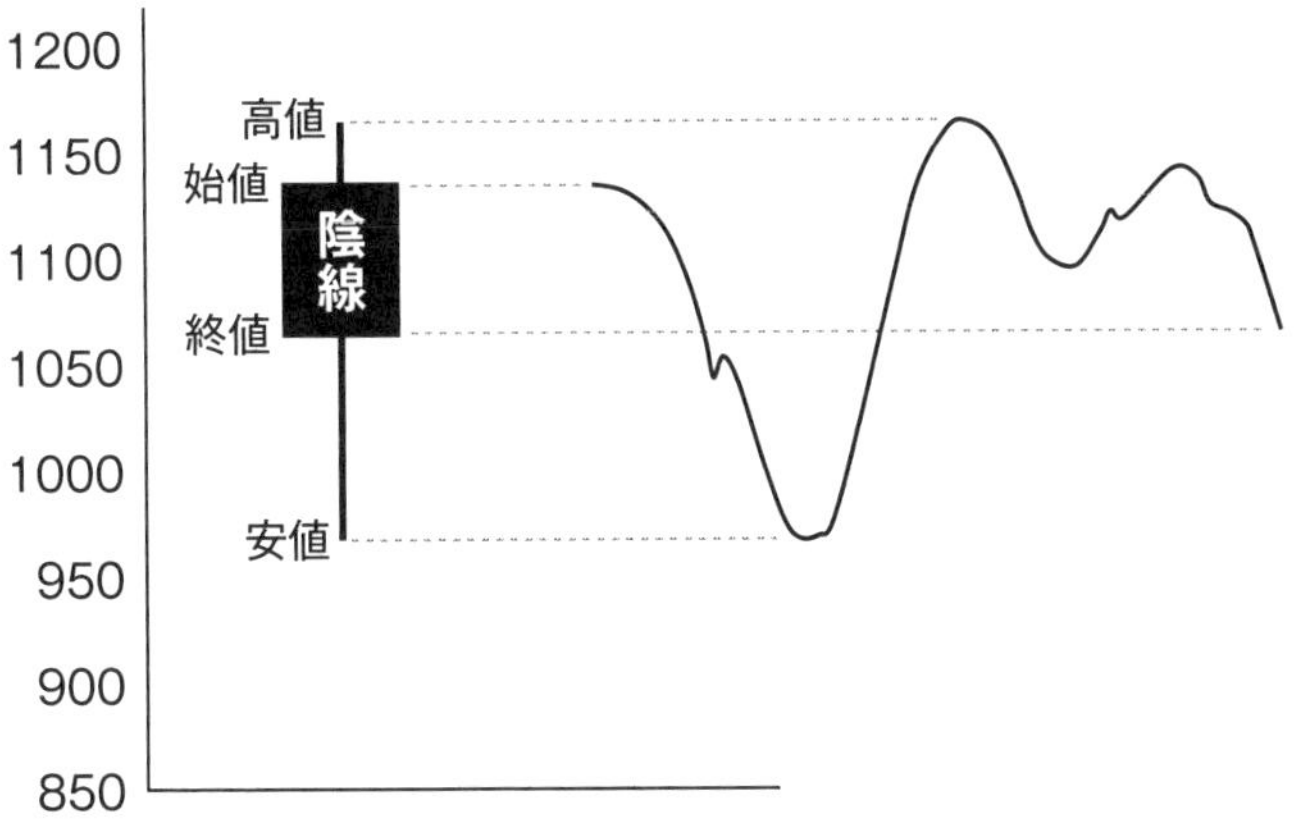

ローソク足1本で読み取れる情報をもう少し深堀してみましょう。たとえば、株式市場であった場合、このローソク足を見て、何を読み取ることができるでしょうか（図5）。

1．株式市場が始まると同時に、株価が急落

2．その後すぐに株価が上昇し、高値を付ける

3．その後、高値付近で株価が横ばい

4．大引け直前で大きな売りが入り、本日終了

このような激しい値動きがあるということがわかるローソク足の形がこれです。プロディーラーなどの投機筋が参加する銘柄にはこのような値動きが生じることがあり

図6　はらみ線

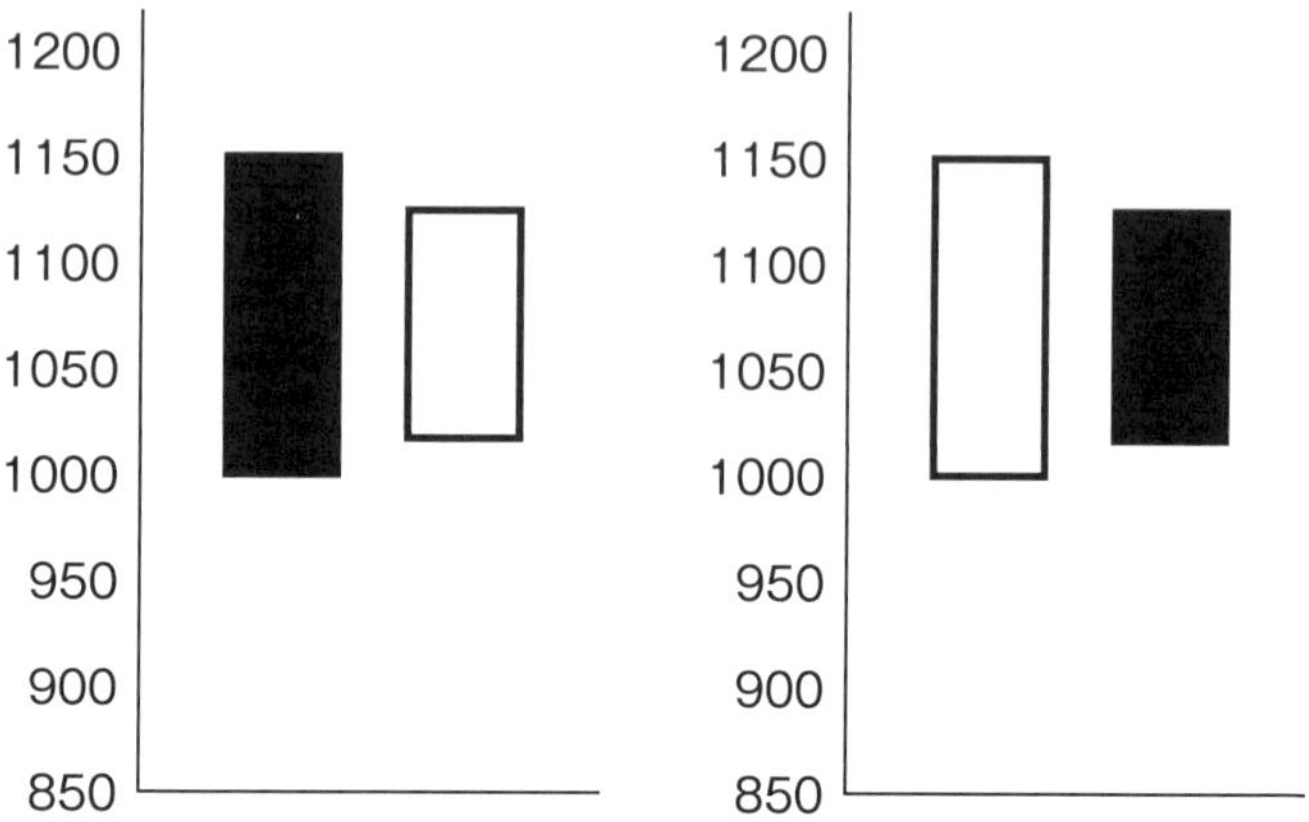

ます。

投資をする上では、「その1日がどんな動きだったのか」を確認することはとても大切なことです。なぜかというと、株の世界でもFXの世界でも、前日の値動きが次の日に影響を与えることが大きいからです。

最後に、覚えておきたいローソク足の組み合わせを紹介します。

1．はらみ線（図6）

はらみ線とは、ローソク足がすっぽりと前の足の範囲に収まってしまっている状態を言います。お腹の中に赤ちゃんがいる、「孕《はら》む」が語源になっていると言われています。**はらみ線は前の足の高値も安値も超え**

図7　抱き線

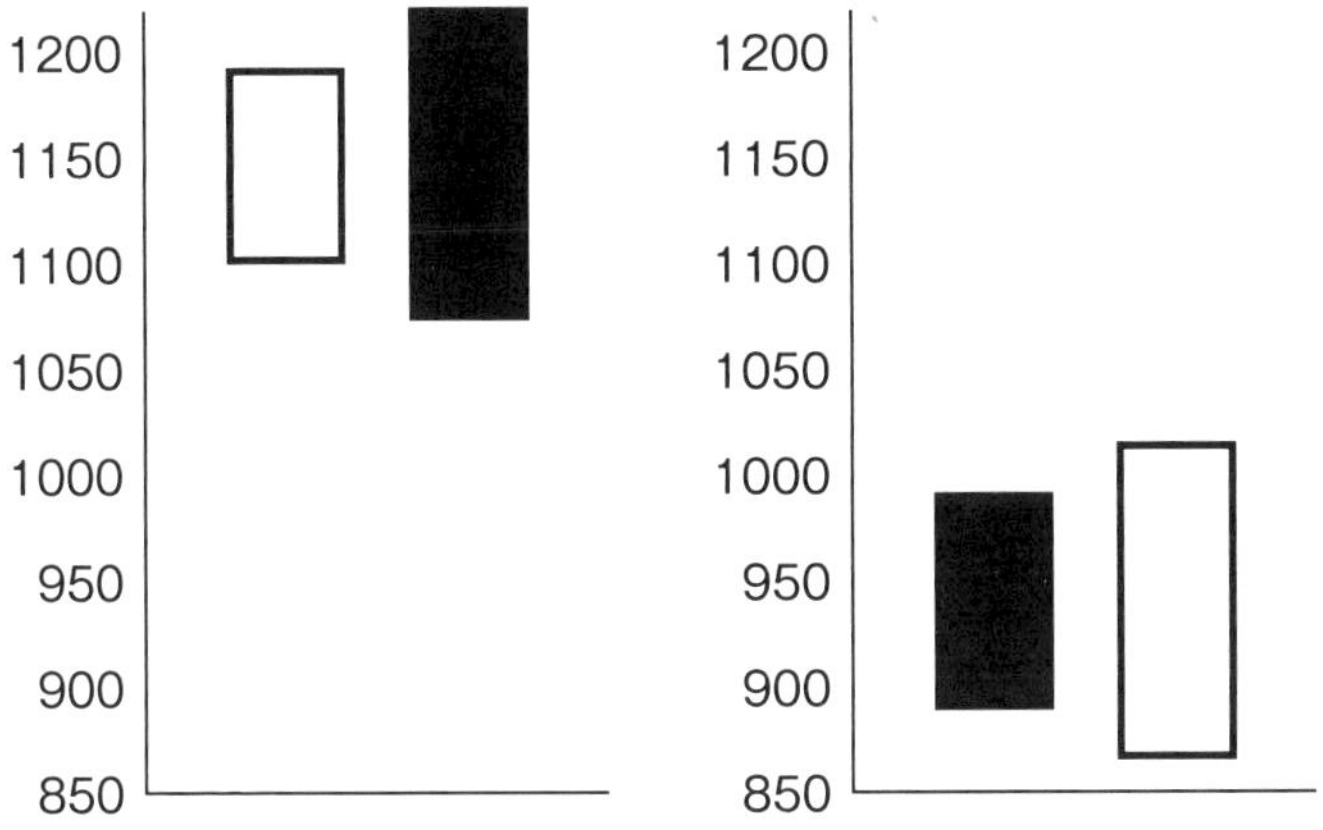

ていないという状態ですから、前日までに続いた勢いが弱くなったという暗示があります。しかし、前日まで続いた勢いが弱くなった結果として、トレンド（次項で説明）転換となる場合もあるので、注目するべき足です。

2. 抱き線（図7）

抱き線は、小さめの前のローソク足に対して、高値も安値も更新した大きいローソク足が出てきたときに、出現します。抱き込んでいるように見えるので、抱き線と呼ばれますが、つつみ込んでいるようにも見えるのでつつみ線とも呼ばれます。これは、**今までの価格の流れを一変するほどの大き**

図8　寄せ線

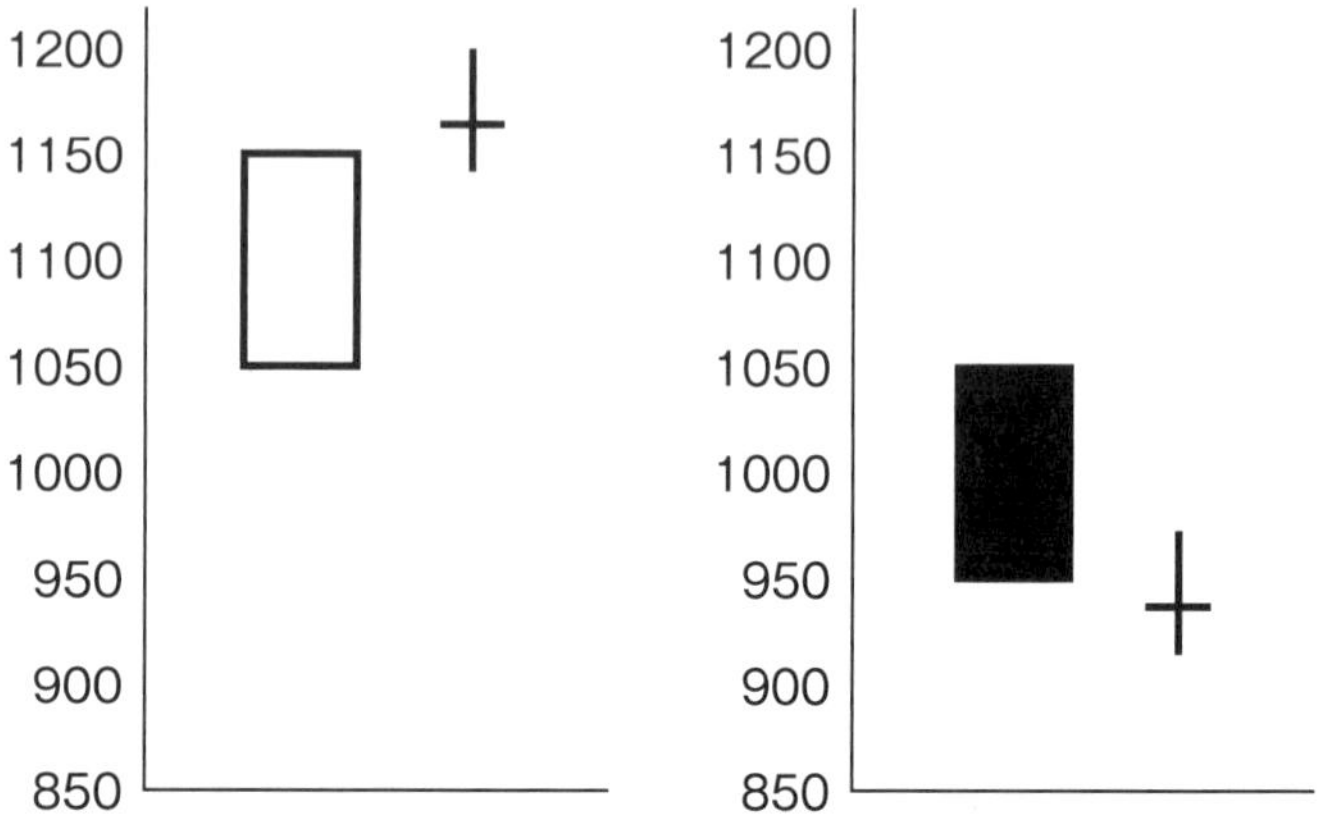

な売り買いの勢力が入ってきたことを意味します。高値圏で表れた場合には、売り転換を暗示し、安値圏で表れた場合には、買い転換を暗示することがあります。

3．寄せ線（図8）

寄せ線は、十字線とも呼ばれます。ローソク足の始値と終値が同じ価格のときに、表れます。**寄せ線が表れたときは、買い勢力と売り勢力の力が拮抗《きっこう》していることを示しており、相場の転換を暗示するサインともされています。高値圏で表れた場合には、売り転換を暗示し、安値圏で表れた場合には、買い転換を暗示することがあります。**

ローソク足の基本的な読み方を説明しましたが、100%的中するものではありません。あくまで優位性がある暗示です。優位性はあっても、だましと言ってそのとおりにならないことがありますから、その場合には、損切りを行うことをオススメします。

3-2

トレンドと波動を理解しよう

この項目の3つのポイント

1 波動を理解しよう。
2 波動を利益に変えよう。
3 トレンドと波動の違いを知ろう。

投資1年目の方に、覚えておいていただきたい用語が2つあります。その用語というものが「トレンド」と「波動」です。

トレンドという言葉は、方向性を示す言葉で、投資をしている人たちの間では「上昇トレンド」とか「下降トレンド」などという表現で使われます。

一方、「波動」は、価格変動が作る、うねりです。価格は波打ちながら上がり、波打ちながら下がるという特性があり、まるで「波の動き」のようなものなので、波動と言います。

波動には、上げ波動、下げ波動の2種類があります。

波動とトレンドの関係

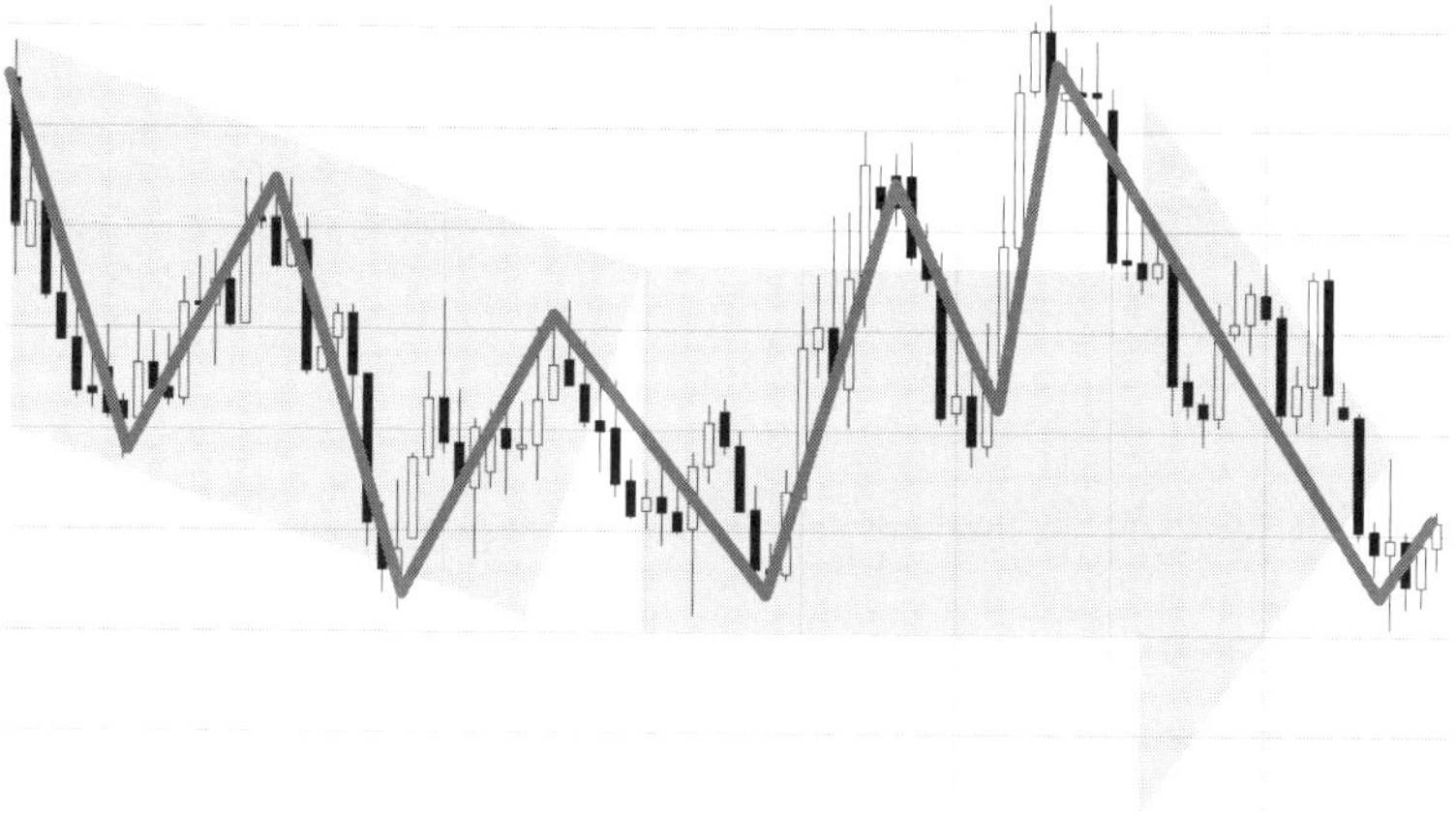

また、**トレンドと波動についてですが、どんなに大きい波動であっても、ローソク足数百本になることはあり得ません。一方、トレンドはいくつもの波動を伴いながら、数千本続くこともあります。**

トレンドという概念は、大局的な流れを示す意味合いであり、波動はそのトレンドの中に生じる、価格の上げ下げのうねりを示しています。

上の図をご覧ください。イメージを持っていただけると思います。

上の図で、大局の流れとしては、下降トレンドが続き、レンジ相場に突入したようになっておりますが、**下降トレンドの中にも上がり下がりのうねりが生じています。**

下降トレンドと波動の関係

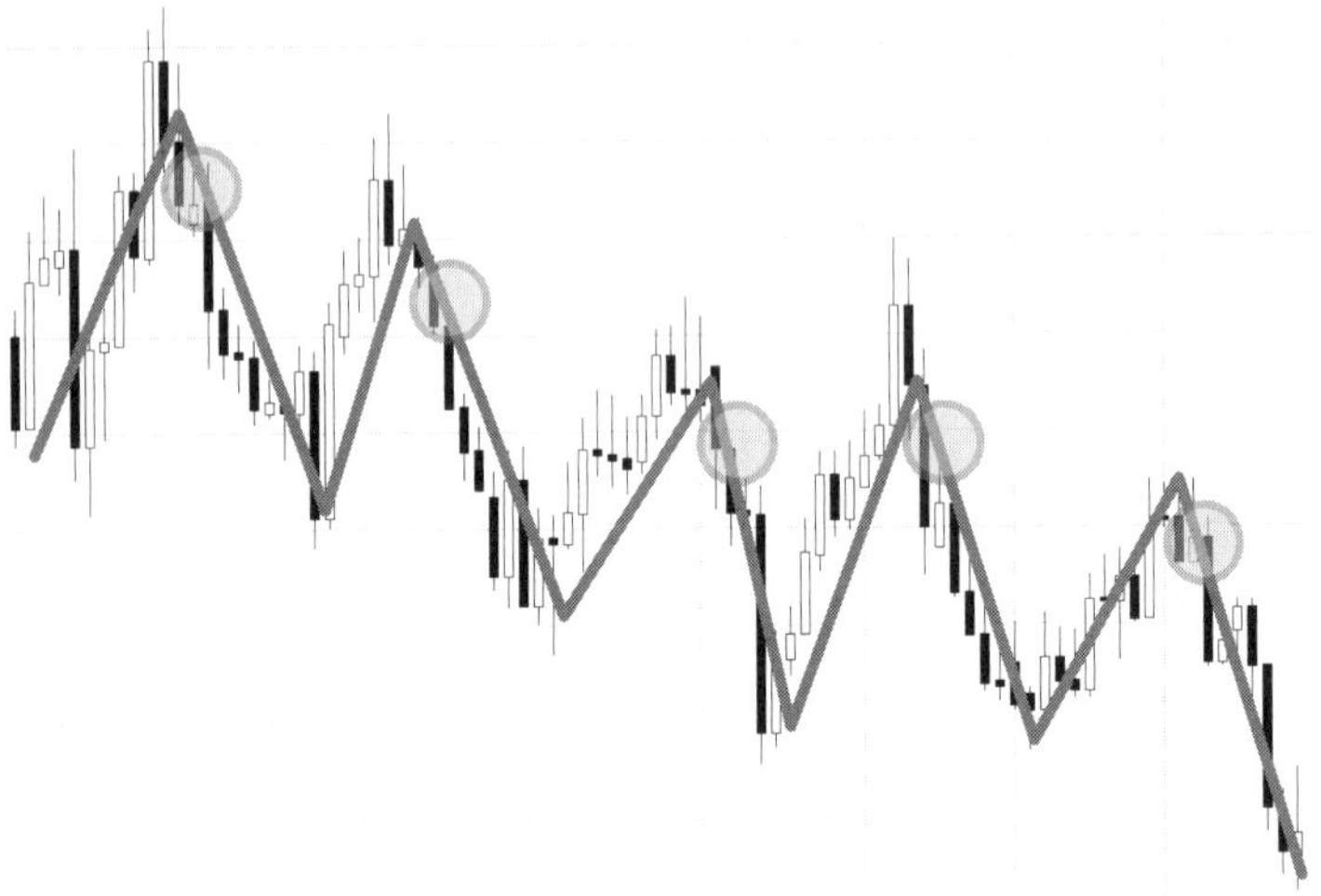

この価格の上げ下げのうねりが、波動というイメージをお持ちいただければ、大丈夫です。

そして、投資1年目の投資家がトレードをするにあたって、利益を狙うには、波動を利益に変えるという心構えがとても大切です。

なお、波動を利益に変えるという意識を持ちつつも、トレンドを把握しておくことはとても大切なことです。なぜかというと、上の図のように、下げトレンドが発生している際中には、価格の上げ下げがあるとはいえども、「下げのほうが大きい」という特徴が見てわかると思います。

それがわかると、下げトレンドの際中では、上げ幅を取りに行くよりも下げ幅を取りに行くほうが収益率が高いわけですから、上げ波動から下げ波動に転じたことを確認してエントリーをする等の手法が有効です。

少しだけ難しい話をします。投資にはさまざまな目的を持った投資家がいます。たとえば為替の場合を考えてみましょう。トヨタのような世界企業が米国で売り上げたドルは、為替を通じて円になります。このとき、個人トレーダーのように、利幅を狙ってドルに換えたり、円に換えたりすることはありません。貿易会社なども同じです。**そして、これを「実需」と言います。**また、保険や年金の運用などのように、予算が決まっていて、予算のとおりに他通貨を買い、長期で保有する投資家もいます。このような投資家が、大きなトレンドを作ります。各国の政治政策や金利の動き、大統領などの発表は、この大きなトレンドを変化させる要因になるので、教養として覚えておくべきものとなります。

また一方では、利幅を狙ってトレードをする投資銀行、プロディーラーなどが市場に参加しています。彼らのことを「投機筋」と呼びます。投機筋は、基本的には個人ではなくて、投資銀行などに雇われているので、巨額な資金を収益目的で活用することができます。しかし、「今月の目標」や「今期の目標」など、勤めている会社に課された収益目標があるので、「今月の利益は今月中に決着を付けなくてはならない」という時間の制限を持っています。

このような時間の制限がある投機筋が市場で売買をすると、上げ下げというりねりを作ります。なぜならば、注文した銘柄や通貨は必ず、ある程度の短期間で決済をするからです。急激に下がって、あっという間に急激に価格が戻ったりするのは、基本的には投機筋の売買の結果によるものです。

トレンドを作るのは、実需や長期投資家の動向であり、波動は時間制限のある売買を行う投機資金の動向によって生じるものです。個人投資家が投資をして損をするときには必ず、波動を無視して何かほかのことを根拠にして売買をするためにやられるか、中長期的な大局を示すトレンドを無視してポジション（銘柄や通貨を保有している状態）を持ってしまうか、ということにありますので、トレンドをしっかり把握して、波動に沿って売買をしていく基本姿勢を持つという心得が大切です。

3-3

移動平均線でトレンドを見よう

この項目の3つのポイント

1 チャート分析の中でも移動平均線を覚えるべき。
2 安定して勝つにはトレンド相場を制覇しよう。
3 トレンド相場を制覇するために移動平均線を使おう。

私は仕事がら、世界最高峰のディーラーだった人、現役の個人投資家など多くのプロフェッショナルと話をする機会があります。彼らの話を聞いていると、経験が長くなればなるほど、**そして勝ち続けている人ほど、最後はシンプルな手法に立ち返る傾向があるようです。そのシンプルな手法の代表例が移動平均線です。**

株式投資をするにも、FXをするにも、仮想通貨をするにも、安い価格で買って、高く売れば儲けになるのは共通です。とてもシンプルなことなのですが、この後価格が上がるのかどうかを見抜くということが難しくて、プロを含め、多くの投資家は苦労をします。

ここで思い出していただきたいのが前項で説明した「トレンド」という言葉です。トレンドには、上昇トレンドと下降トレンドというものがあります。トレンドには「一度発生したら継続する」という特徴があります。もちろん、延々に続くトレンドはありませんが、一度発生したら、「ある程度は続く」ということはとても大切な真実です。

そして、移動平均線の第1の目的は、トレンドをわかりやすくすることです。そして、トレンドの発生を見抜いて利益を得る方法をしっかりと習得することが、初心者が投資において安定して利益を上げるための大切な鍵です。そのためにはまず移動平均線を読めるようにならなければなりません。「移動平均線」という用語は、一般生活で触れることはないと思われますが、内容はそれほど難しくありません。

移動平均線の「平均」は、小学校で習ったあの「平均」です。何の平均かといえば、ロー

５期間の移動平均線

期間が短いと現在のトレンドと価格は近くなるけれど、トレンドは把握しにくい

ソク足の終値の平均です。たとえば、5日移動平均線といえば、その銘柄の今現在を含めた5日間のローソク足の終値の平均を結び続けた線ということです。

代表的な5日移動平均線、次ページに20日移動平均線、50日移動平均線を表示させていただきましたが、日数が大きくなればなるほど、移動平均線が緩やかになる傾向がわかると思います。

グラフを見ればわかるように、ローソク足は時々乱高下することがあるので、それだけではトレンドがわかりにくくなります。**移動平均線を描くことで、長期的なトレンドがわかりやすくなります。**

20 期間の移動平均線

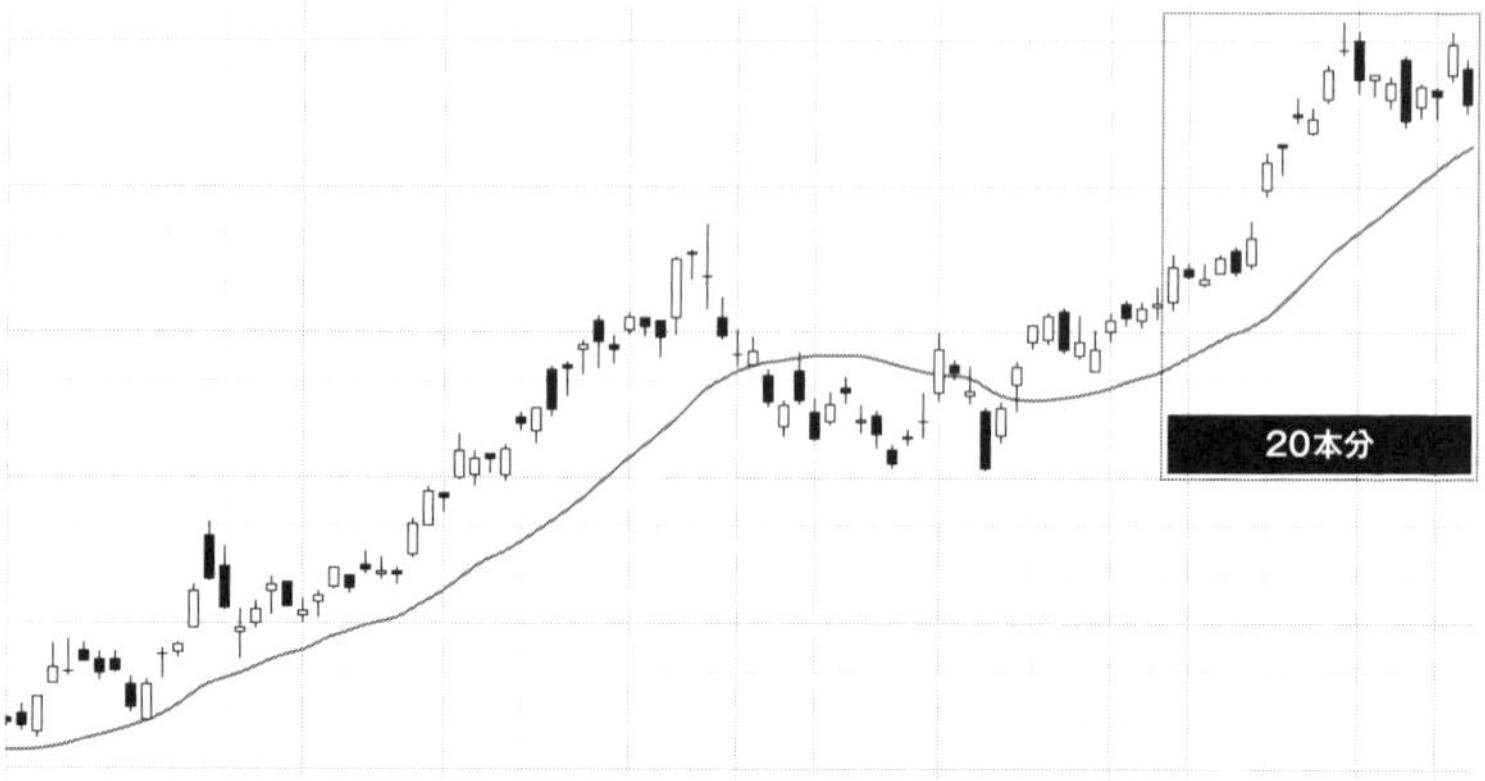

日足だと 20 日（20 営業日）なので
ここ 1 か月程度のトレンドがわかる

50 期間の移動平均線

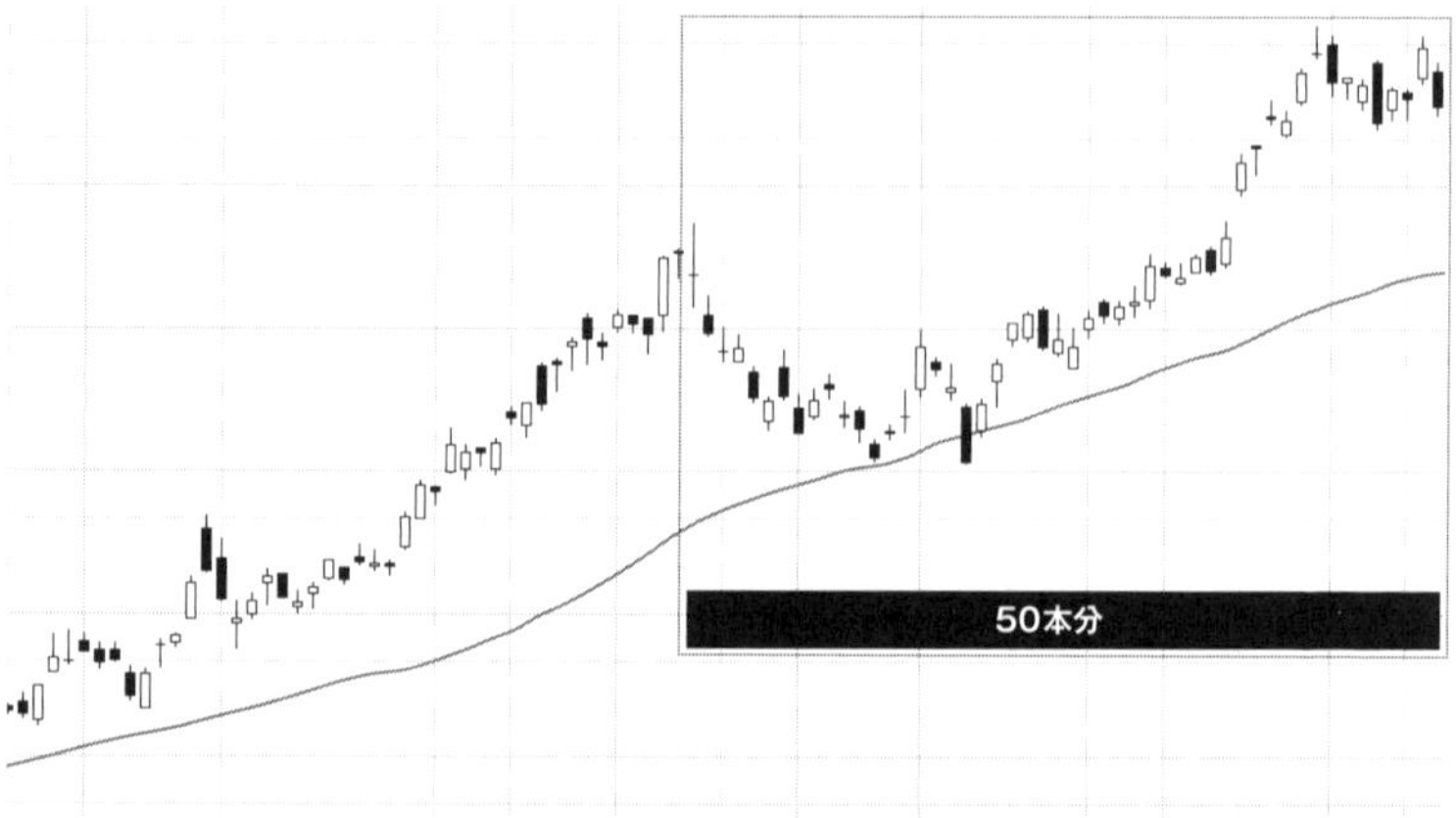

大局の流れが把握しやすい

3-4

トレンド相場とレンジ相場の違いを覚えよう

この項目の3つのポイント

1 トレンド相場とレンジ相場があることを知ろう。
2 レンジ相場ではトレードを控えよう。
3 トレンドに沿ったトレードをしよう。

相場には3種類あります。それは、上昇相場（上昇トレンド）、下降相場（下降トレンド）とレンジ相場（ボックス相場・もみ合い相場・もち合い相場・横ばい相場とも呼ばれる）です。

上昇トレンドは読んで字のごとく上に向かって価格が上がっていくトレンドで、下降トレンドは下に向かって価格が下がっていくトレンドのことを呼びます。レンジ相場は、トレンドがない相場のことを指し、横方向に上下している相場のことを言います。

そもそも、なぜトレンド相場とレンジ相場を分けて考える必要があるのかというと、**トレンド相場で利益を上げる方法と、レンジ相場で利益を上げる方法とでは、取引のやり方、注文するタイミングがまったく異なるからです。**

トレンド相場は、トレンドに沿ってポジションを持っていれば儲かる可能性が高いですが、レンジ相場の場合は、頻繁に上がったり下がったりするので、そのままポジションを持っていると損をしてしまいます。

上昇トレンド相場の特徴は、ローソク足の始値と終値が切り上がっていき、チャートが右肩上がりの形になっています。上昇トレンドでは、上がり下がりを繰り返しながら、価格は上がっていくので、安く買って高く売るということで、利益を重ねることができます。

下降トレンド相場の特徴は、価格は徐々に下落していきます。ローソク足の始値と終値が切り下がっていき、チャートが右肩下がりの形になっています。下降トレンドも、上がり下がりを繰り返しながら、価格は下がっていき、先に高い値段で売り注文をして、安く買い戻すことで、利益を重ねることができます。

レンジ相場は、価格が狭い範囲で上下を繰り返しているものの上昇もせず、下落もしません。**この時期は、基本的にはトレードをしないほうが賢明です。**ずっと続く上昇相場やずっと続く下降相場がないことと同様に、ずっと続くレンジ相場もありません。レンジ相場は、上昇トレンドや下降トレンドが発生する前に、市場が休憩をしているような段階だと思っておくと良いでしょう。

上昇トレンドや、下降トレンドが継続するには、大きな資金のエネルギーが継続的に必要となります。相場も人と同じで、フルパワーを長期間継続的に出し続けることはできないので、一時的な逆方向やレンジ相場はいくらでも起こるということを理解しておきましょう。

レンジ相場の最中は、取引をしないほうがいいと言いました。**しかし、レンジ相場を一定期間観察していると、必ず、上昇トレンドか下降トレンドが発生するので、自分が取引したい銘柄や通貨がレンジ相場の最中には、しばらく毎日定点観測をしていると、トレンドが発生したときに、トレンドの初動から利益を狙うことができます。**

逆に、トレード技術がしっかりと身についていない状態にもかかわらず、レンジ相場でギャンブルのように売買をしてしまうと、ボクシングのボディーブローでダメージが蓄積されて大きな痛手を負うように、じりじりと資金が減り続け、大きな損となることもあるので、注意が必要です。

上昇相場と下降相場とレンジ相場の3つがあると言いました。そして、過去のチャートの形状から、今の時点がどの状況なのか、察しすらつかない状態では、投資で安定して勝つことはできません。

仮に、下降相場の最中なのに、買い注文をしてしまうことがあれば、大きな損失となることがしばしばあります。**下降相場とわかっているのに、買い注文なんかするはずがない！　と、思う投資家の方も多いのですが、実は、意外と日本株をやっている投資家にはこのミスをしてしまって、大きな含み損が出てしまって損切りができない塩漬け銘柄を抱えてしまう投資家は多いのです。**

日本株をやっていると、「割安株」「低位株」といって、その企業の株価本来の価格よりも安く買うことができる状態の銘柄と出合うことがあります。また、ネット上などでも盛んにある銘柄情報配信サービスなどで、「この銘柄は割安だ！　保有していれば上がる！」という謳い文句などで、銘柄配信などがされているケースがあります。

チャート分析で、過去のチャートの形状を見ることができる人であれば、たとえばその銘柄は下降トレンドの真っ最中だったとしたとき、絶対に買ってはいけないということが一瞬でわかるのですが、チャートを見る眼がない投資家は言われたとおりに買ってしまい、損失を膨らませてしまう、というような失敗がよくあるのです。

投資の世界で絶対に防がなくてはならないのは「大損」や「塩漬け」です。

大損や塩漬けをしてしまうと、投資用資金が十分に使えなくなり、儲けの機会を失ってしまうからです。取り返すのにも、大きな月日を要することにもなり、何度も何度も、安定利益を手に入れるチャンスがなくなってしまうということになります。

3-5

波動を利益に変えよう

この項目の3つのポイント

1 波動を利益に変える意識を持とう。
2 波動の流れに沿って利益を上げよう。
3 波動の転換を確認後にエントリーしよう。

相場には、トレンド相場とレンジ相場があると言いました。そして、レンジ相場では取引しないほうが良いということも述べました。

相場で利益を上げるためには、相場の方向性を見抜くことはとても大切なことです。もちろん、方向性を見抜けるようになると利益が拡大できる確率は上がりますが、トレンド相場で利益を獲るのは、口で言うほど簡単ではありません。

トレンドやレンジという言葉は、相場の方向性を示す言葉であり、今後の大きな方向性を見極めるためにはとても大切な観点ですが、実際に利益を手に入れる際に覚えてお

くべきキーワードは「波動を利益に変える」というものです。

チャート上での価格の動きを「波動」と呼ぶことがあります。上がったり下がったり、波を描くように価格が動くことから、このように言われます。そして、トレードで利益を上げるためには、「波動を獲る意識」がとても大切になってきます。**トレードとは波動を獲って儲ける行為だと考えておいて良いと思います。**

トレードには2つの流派があり、「上がり続ける株は上がり、下がり続けるものは下がる」という考え方と、「上がり続けるものは下がり、下がり続けるものは上がる」という考え方があります。

価格が上がっているときに、まだ上がり続けると考えてそこに賭けることを「順張り」と言い、下がっているものが反転して上がると考えて賭けることを「逆張り」と言います。日本人は、「これだけ上がったのだから、そろそろ下がるのでは」だとか「これだけ下がったのだから、そろそろ上がるのでは」と思う投資家が多いようで、逆張りをする人が多いと言われています。

確かなのは「今上がっている」「今下がっている」という事実であり、どこまで上がるか、どこまで下がるかというものは、誰にもわかるものではありません。なので、勝手な予想はしないで、上がっているうちは買い注文で保有し、下がっているときは買い注文で持ってはいけないということになります。

しかし、ローソク足1本1本を見ると、上昇トレンドの途中過程であってもいくらでも陰線が発生することはあります。そのとき、「上がっているうちは買い注文で保有し、下がっているときは買い注文で持ってはいけない」というと、矛盾しているように思うので、方針をはっきりさせたいと思います。

その答えは価格の動きを、ローソク足1本1本ではなくて、波動で考え、波動を利益にするという意識で解決することができます。ローソク足1本1本の動きでも、含み益や含み損が変化してしまうので、焦る気持ちはわかるのですが、目先の利益や損失を意識しすぎてしまうと、大勝はなくなってしまいます。そういう観点でも「波動を獲る」という意識は大切です。

図1はローソク足による価格の動きです。

図2（100ページ）はその価格の動きが作る波動です。

図3（100ページ）**は、波動を利益にする際の注文ポイントで、下げ波動が始まったら、**

図1：2019年5月から8月頃の日経平均の日足チャート

これは通常のローソク足。
上がり下がりしていて買いポイントや売りポイントがわかりづらい。

売り注文をし、上げ波動が始まったら買い注文をするべきだということを意味しています。

波動を利益にしようとすると、ローソク足1本1本ではなくて、ある程度の期間を、波動に合わせて保有することが前提となります。ある程度の期間というのは、目安としてはローソク足で数本から数十本の範囲ですが、時には長い上昇波動が継続する場合、日足でのトレードをする場合には3か月程度になることもあります。

図２：日経平均のチャートに対して、13期間の移動平均線だけを表示させたもの

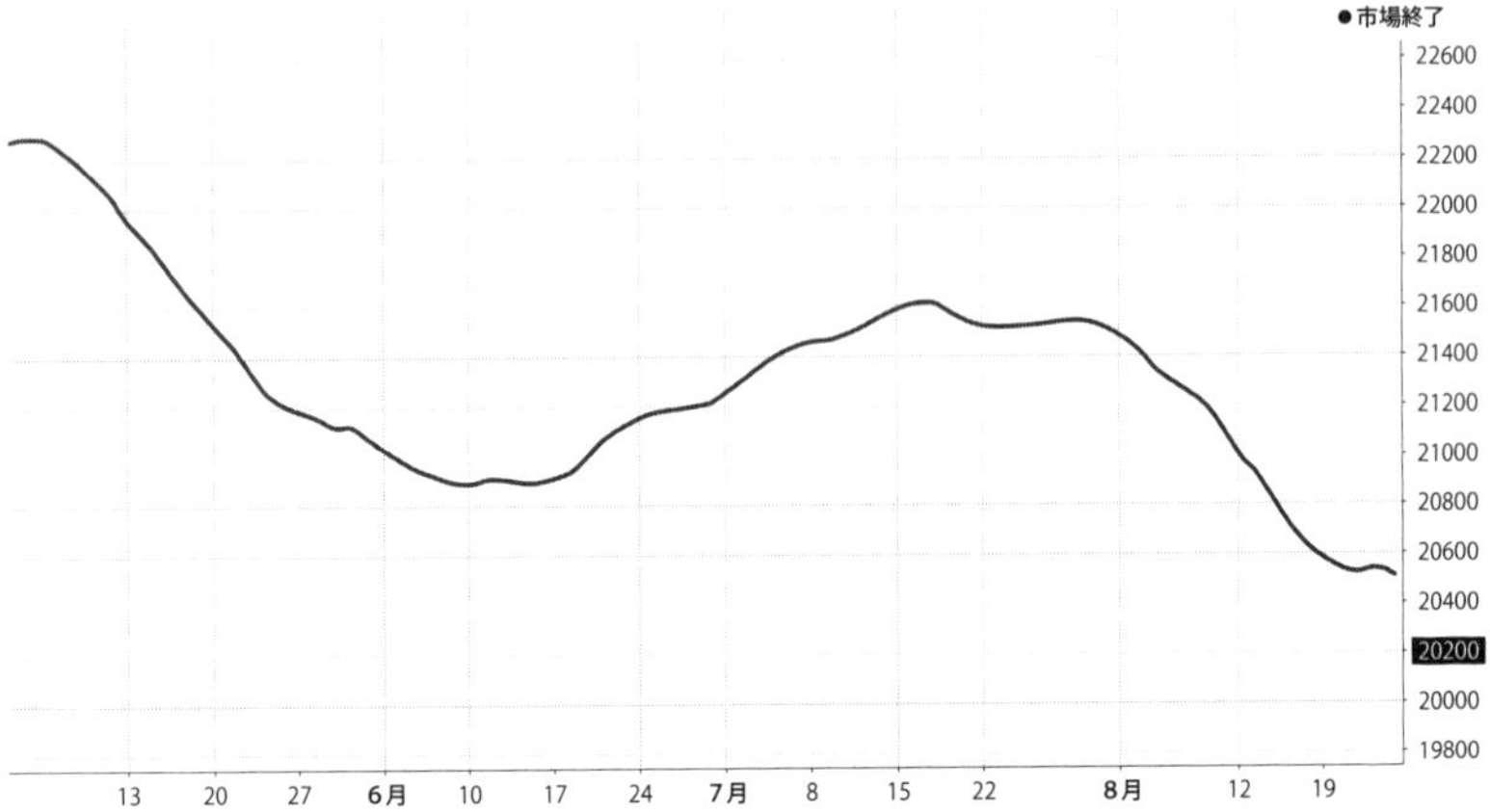

ローソク足だけの時よりも価格の流れがわかりやすくなった。

図３：波動を利益にする際の売買ポイント

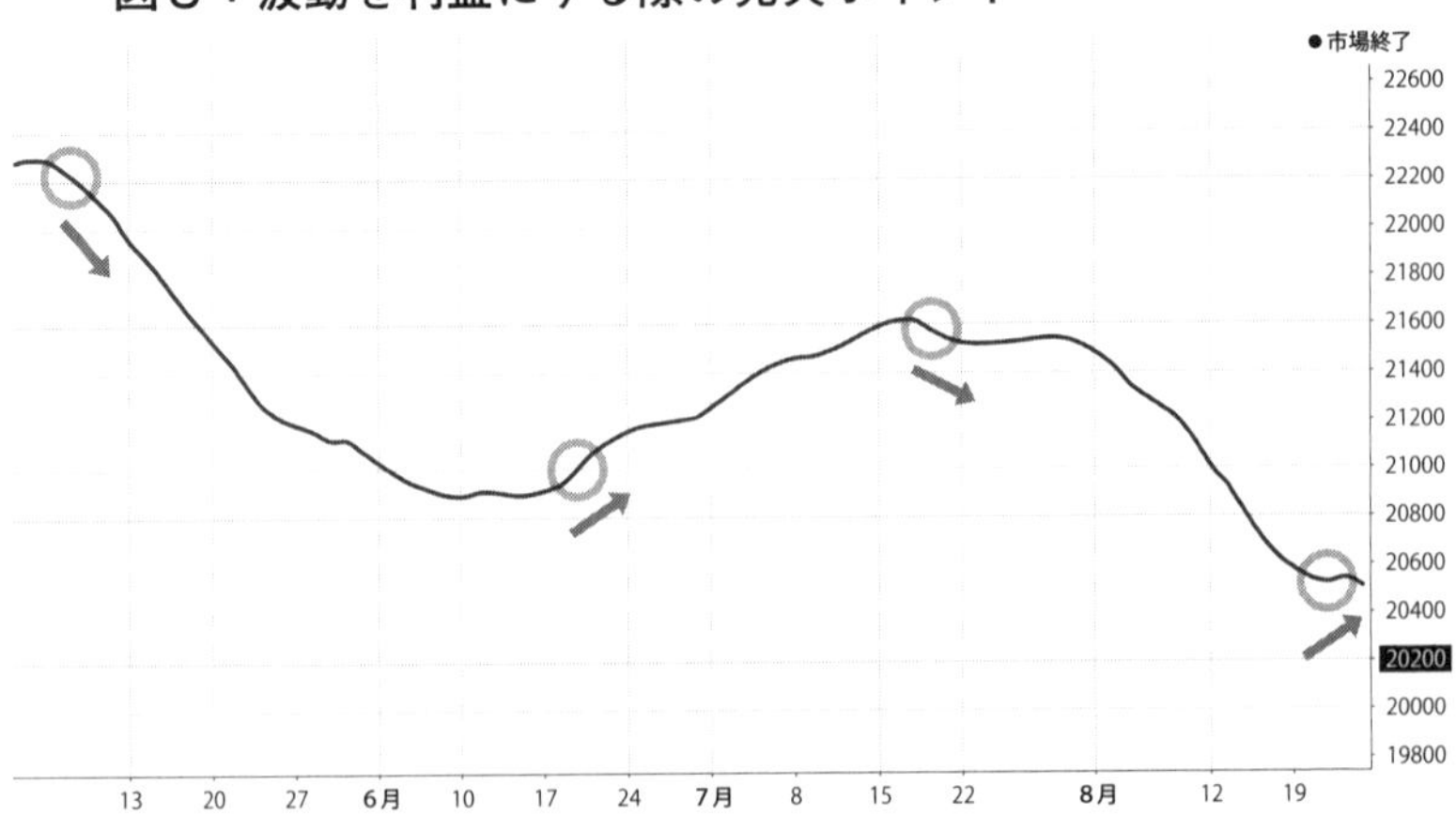

価格の波の上がり下がりの始まり（転換点）を確認したら、エントリー。

また、波動を獲ろうという意識は、短期トレードでも中長期のトレードでも、同じように働きます。1分足であっても、日足であっても、それ以外の足であっても、波動というものは必ず存在し、波動を利益にしようという1本の軸を貫くことができるので、トレードの方針が固まりやすくなります。

3-6

波動を利益に変える売買ポイントを学ぼう

この項目の3つのポイント

1 上げ波動が転換して、下げ波動になったら「売る」。
2 下げ波動が転換して、上げ波動になったら「買う」。
3 転換の合図になる「さまざまなサイン」を覚え、間違えたら、ロスカットしよう。

これから、波動を利益に変えるための売買の方針をお話しさせていただきますが、100％的中する方法はありません。上げ波動から下げ波動に転換したサインが出て、価格のうねりに素直に「売りポジション」を持った場合であっても、そのあとにするすると価格が上昇し、高値を更新して上げ波動が継続することもあります。

このように相場の流れに素直に乗ろうとしても、突如、流れが変わることもありますし、

波動を利益に変える売買ポイント

●重要な安値を下抜けた局面

流れを間違ってしまうということもありますが、そのときは、すぐに損切り（ロスカット）をするようにしてください。

たとえば、上の図の一番右の陰線「黒いローソク足」をご覧ください。一番右の陰線は、見る人が見ると、「下げ」に勢いを増した、という印になり得るそういう1本のサインとなります。

しかしこのあと、下げのサインとなったはずの陰線を境に、陽線が続き、上げ波動が始まってしまいました（次ページの図を参照）。定石《じょうせき》なのは、下げだったわけですが、このように逆方向に行く場合は、時たまあります。これが、相場に素直に乗っていこうとしたが、乗れなかったというケースです。

波動を利益に変える売買ポイント

● 103ページの図のその後（だまし）

これが103ページ図の一番右の陰線
下げのサインのはずが、上げ波動が始まる

流れに乗れずに、含み損が出た場合、多くの人は損切りができずに含み損をそのままにして、結果的に損失を拡大させてしまいます。しかし、損を拡大させるのは、絶対に、絶対に、絶対に、絶対に、絶対に、防がないといけません。流れに乗ろうと思って、逆に行ってしまって損切りをした、という失敗はいくらでもして大丈夫ですが、**含み損をそのままにして大きな損失になってしまうことは、1度たりともやってはいけません。**なぜかというと、大きな損を出して塩漬けにしてしまうと、次にくる大きなチャンスに資金を使うことができなくなります。**損切りは失敗ではなくて、次の成功のためのチャンスにつ**

波動を利益に変える売買ポイント
●下げ波動が転換し、上げ波動へ

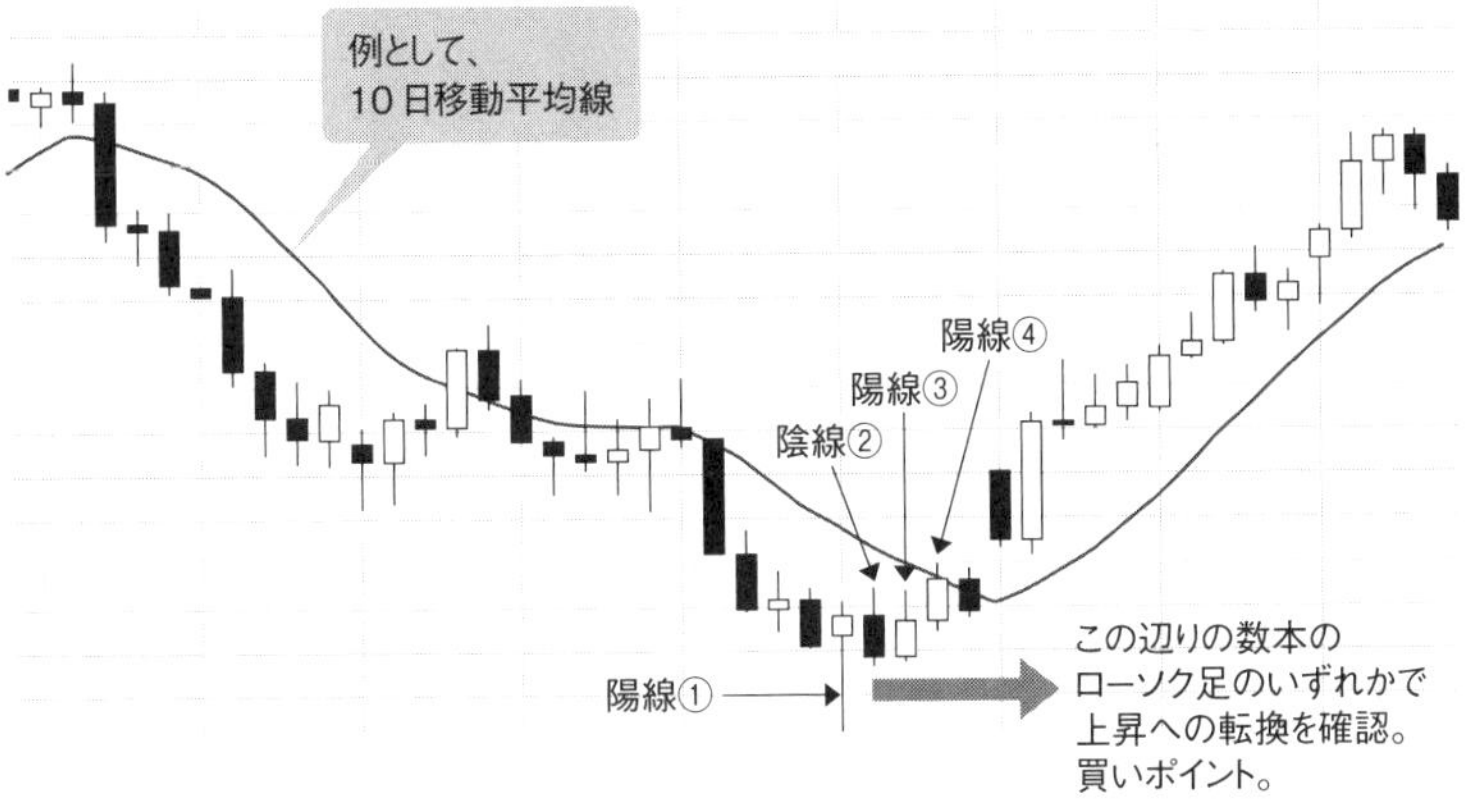

ないだ、という風に考えましょう。

それでは、間違うことはあるという前提で、波動を獲るための定石手法をこれからいくつか解説していきます。

●下げ波動が転換し、上げ波動へ

価格の大局を見るには、移動平均線を表示されると良いです。上の図は日足チャートで10日移動平均線を表示しています。

上の図では、価格の下げ、上げを繰り返しながら下げトレンドが続いていましたが、下ヒゲの長い陽線①をきっかけに、上げ波動のはじまりを察することができました。そのあと、陰線②、陽線③、陽線④と続きますが、もし、その後に、下ヒゲの陽線①の安値を割るような陰線が発生した場合には、２本の陽線は下げトレンドの最中の一時的な上げ波動だったということになり、下げ波動が継続するというシナリオになりますが、ここでは、高値を切り上げていて、上げ波動が始まっています。

●ヒントとなるローソク足

上げ波動（上昇トレンド）が、上げ止まり、下げ波動の始まりを知る際には、ローソク足１本がそのヒントになることがあります。

そのヒントとなるローソク足が発生したら、次の足、その次の足は要注目です。

次のページのチャートをご覧ください。

波動を利益に変える売買ポイント

●長い下ヒゲ（下降から上昇への転換）

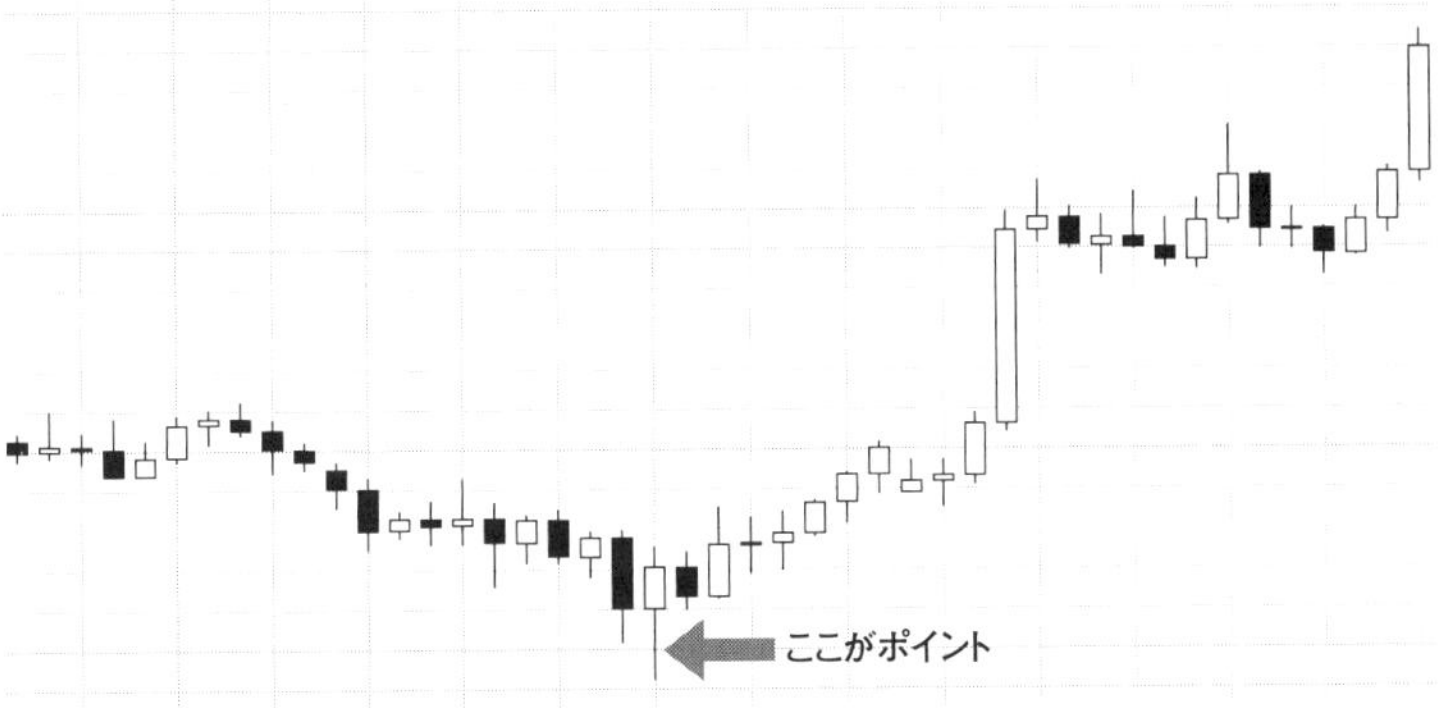

下げ波動が続く中で、大きく下落したものの切り返して長い下ヒゲが出現しました。このとき、株式投資などの場合には「出来高（売買が成立した結果を示す数値）」などが大きかったりすると、次のローソク足から上昇に転じることが多いです。

波動を利益に変える売買ポイント

●長い上ヒゲ（上昇から下降への転換）

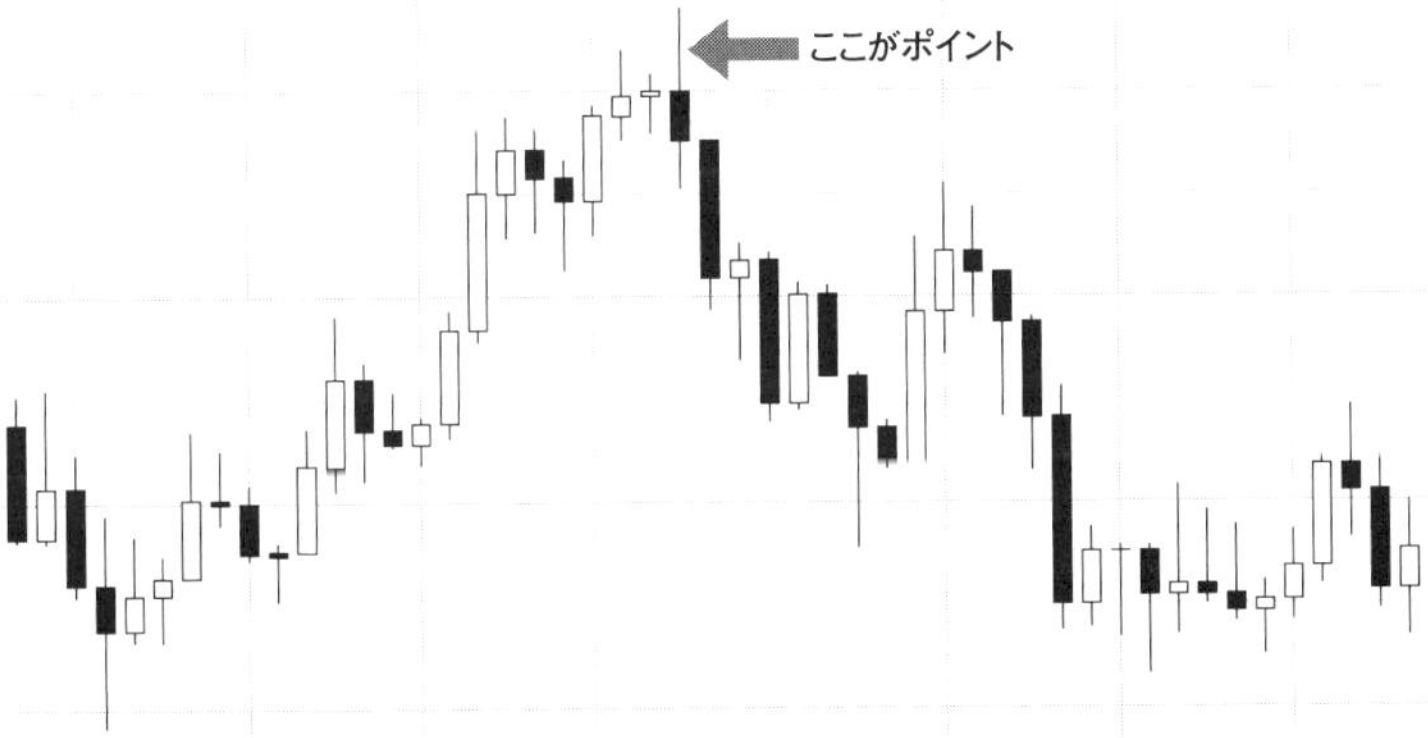

上昇が続く中で、高値を更新するもののすぐに切り返して、長い上ヒゲが出現しました。陽線であっても陰線であっても（陰線のほうがもちろん強いですが）、長い上ヒゲの後には下降に転じることがよくあります。

波動を利益に変える売買ポイント

●ダブルトップ（上昇から下降への転換）

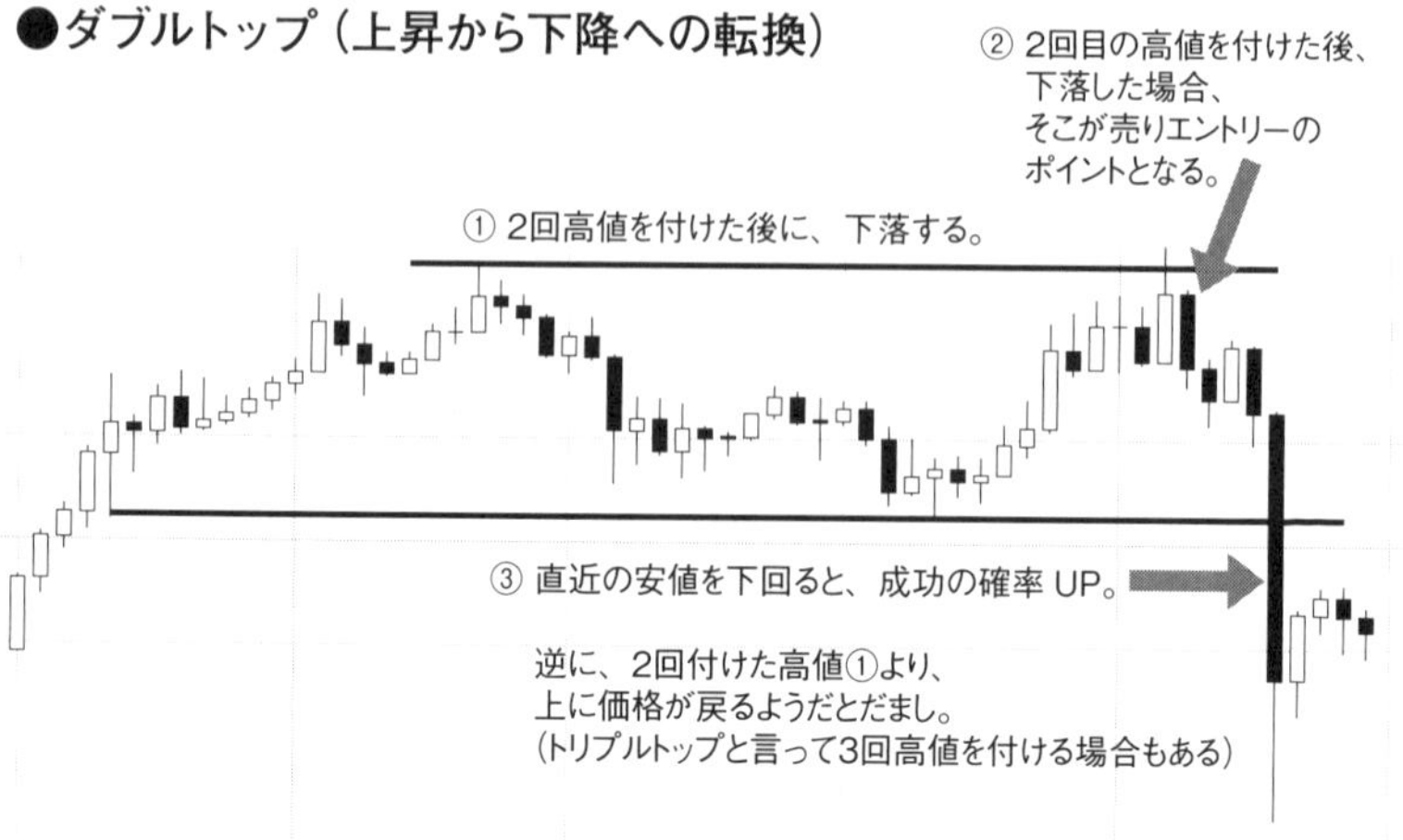
② 2回目の高値を付けた後、
下落した場合、
そこが売りエントリーの
ポイントとなる。
① 2回高値を付けた後に、下落する。
③ 直近の安値を下回ると、成功の確率 UP。
逆に、2回付けた高値①より、
上に価格が戻るようだとだまし。
(トリプルトップと言って3回高値を付ける場合もある)

波動を利益に変える売買ポイント

●ダブルボトム（トリプルボトム）（下降から上昇への転換）

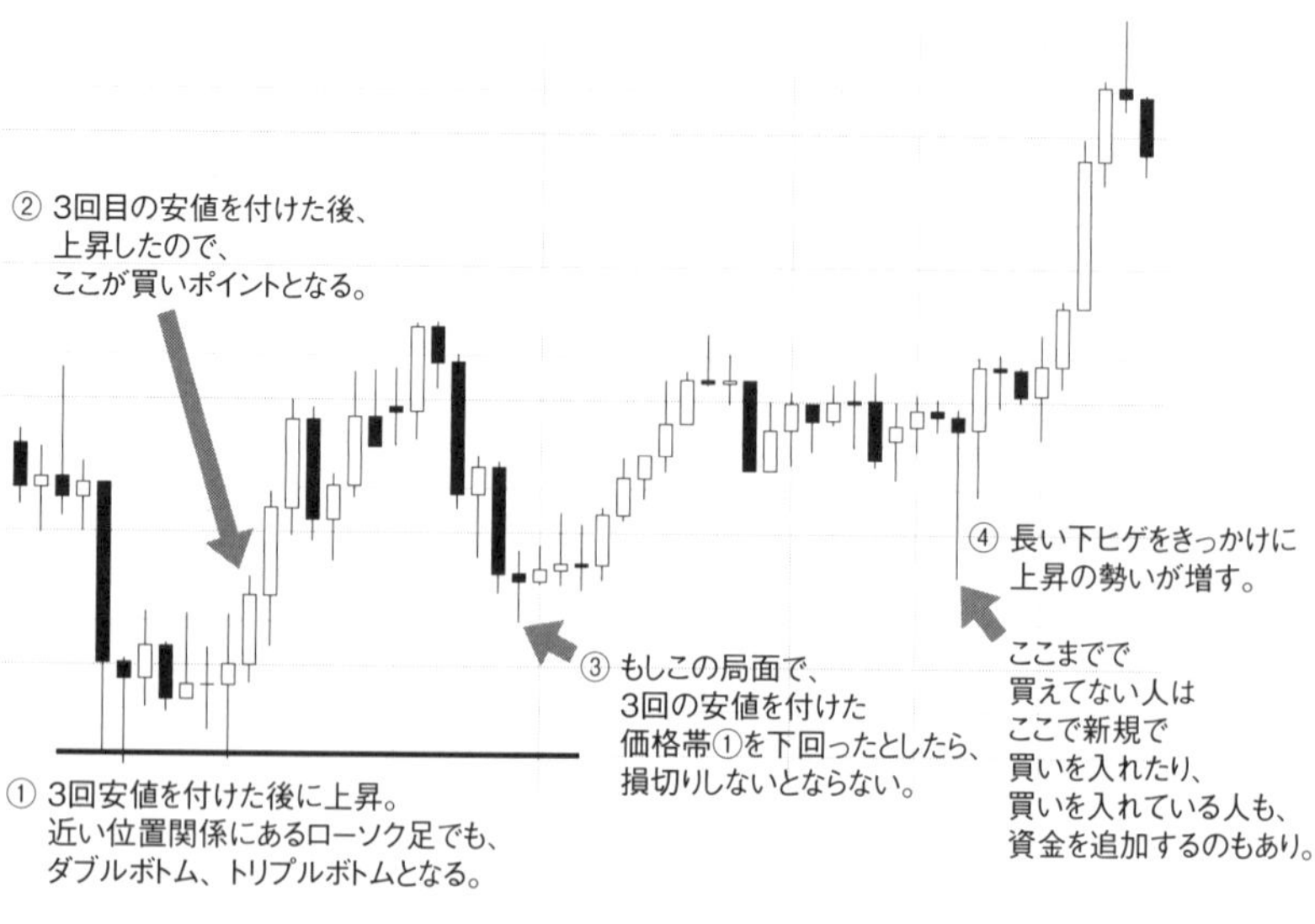
② 3回目の安値を付けた後、
上昇したので、
ここが買いポイントとなる。
④ 長い下ヒゲをきっかけに
上昇の勢いが増す。
③ もしこの局面で、
3回の安値を付けた
価格帯①を下回ったとしたら、
損切りしないとならない。
ここまでで
買えてない人は
ここで新規で
買いを入れたり、
買いを入れている人も、
資金を追加するのもあり。
① 3回安値を付けた後に上昇。
近い位置関係にあるローソク足でも、
ダブルボトム、トリプルボトムとなる。

波動を利益に変える売買ポイント

●トレンドラインの上抜け（下降から上昇への転換）

下げ波動の中の
高値を複数結んだ線。
＝下降のトレンドライン。
② 下降のトレンドラインを
明確に上抜いた。
③ そして、前の足のよりも
高値も安値も切り上がっている。
①～③の3つもチェックが伴った
買いのエントリーポイント。
① トリプルボトムも形成し、
下降から上昇への
転換の確信度が UP。

トレンドラインには、下げのトレンドラインと、上げのトレンドラインがあります。下げのトレンドラインは、注目するべきローソク足の高値を複数結ぶことでできあがり、上げのトレンドラインは、注目するべきローソク足の安値を複数結ぶことでできあがります。ラインの引き方は人それぞれですが、目立つ高値、目立つ安値がある場合には、多くの投資家が同じようなトレンドラインを意識するようになります。

ワンポイントアドバイス
上の図に 20 本移動平均線を追加します。

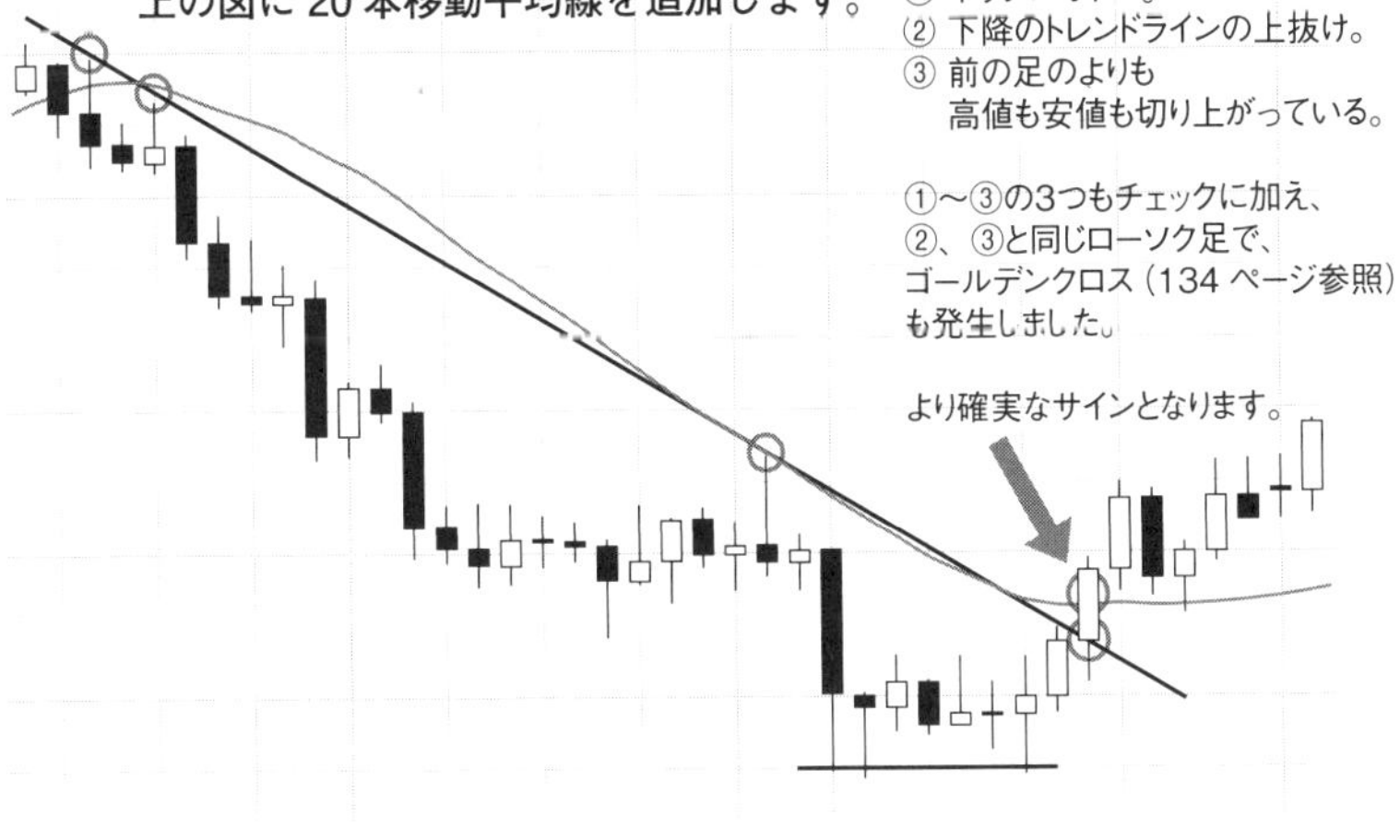

① トリプルボトム。
② 下降のトレンドラインの上抜け。
③ 前の足のよりも
高値も安値も切り上がっている。
①～③の3つもチェックに加え、
②、③と同じローソク足で、
ゴールデンクロス（134 ページ参照）
も発生しました。
より確実なサインとなります。

しかし、40日移動平均線を表示すると、

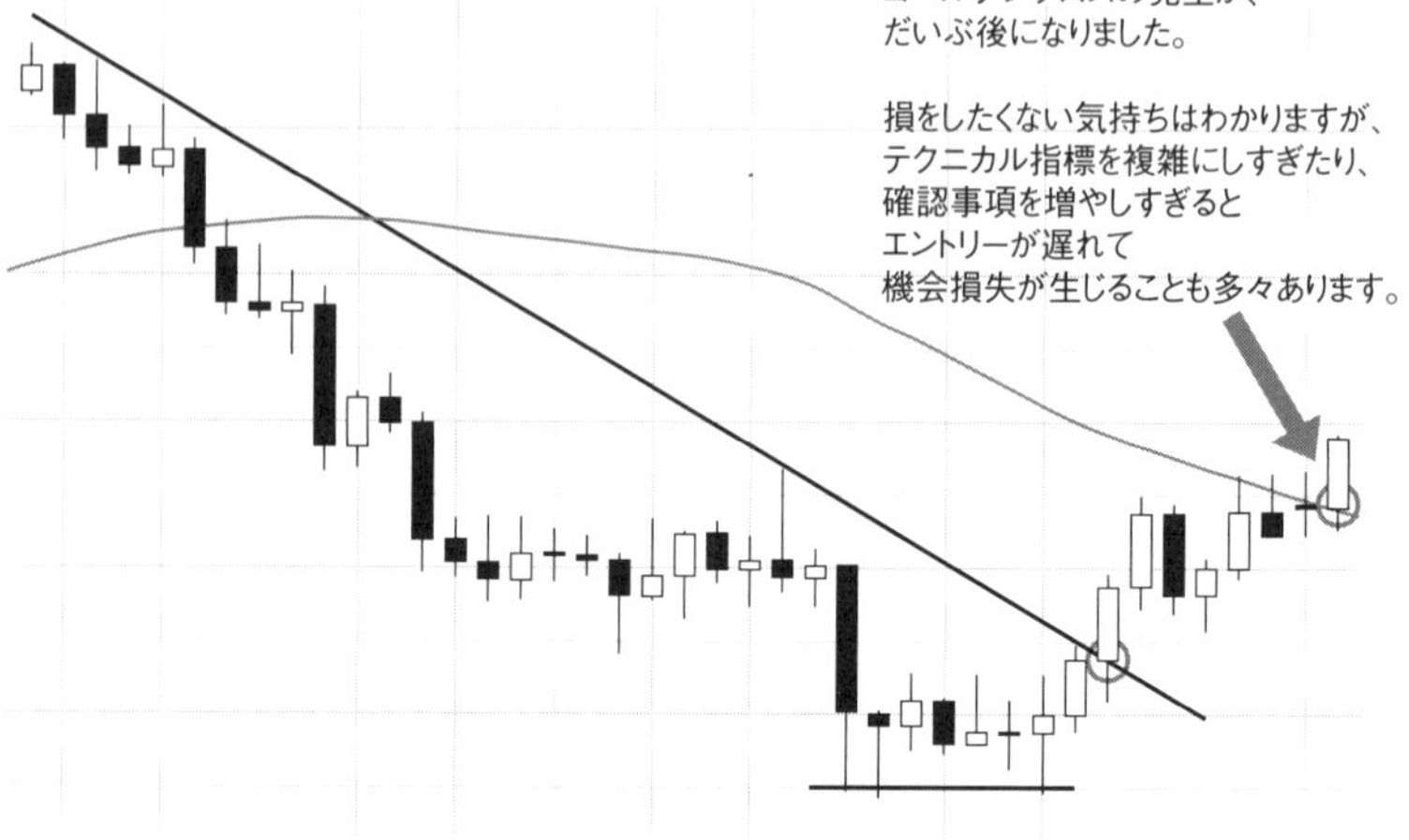
ゴールデンクロスの発生が、
だいぶ後になりました。
損をしたくない気持ちはわかりますが、
テクニカル指標を複雑にしすぎたり、
確認事項を増やしすぎると
エントリーが遅れて
機会損失が生じることも多々あります。

なお、波動の転換を狙った際の損切り（ロスカット）は
どのように考えるかというと、下記をご覧ください。

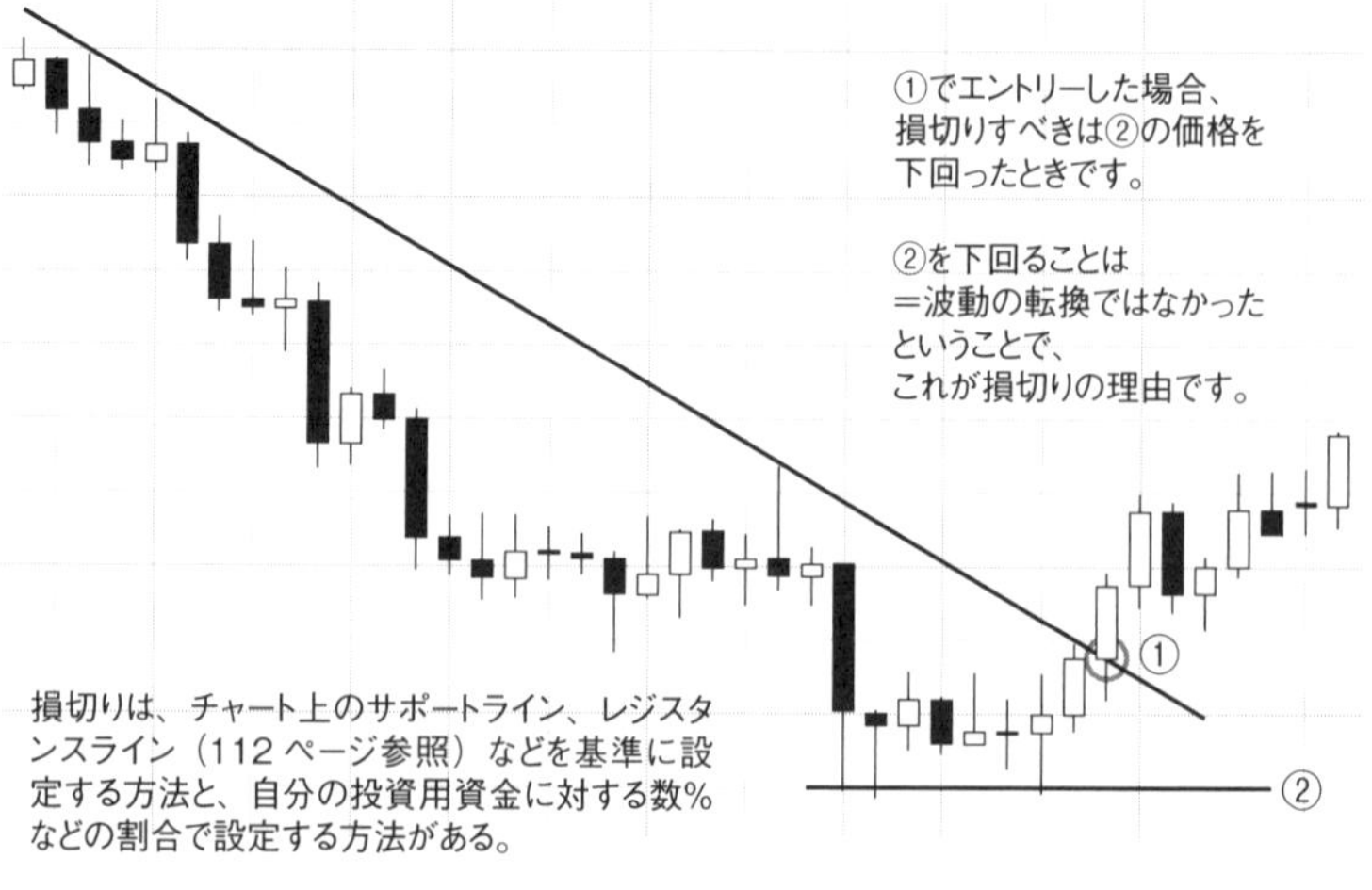
①でエントリーした場合、
損切りすべきは②の価格を
下回ったときです。
②を下回ることは
＝波動の転換ではなかった
ということで、
これが損切りの理由です。
①
②
損切りは、チャート上のサポートライン、レジスタンスライン（112ページ参照）などを基準に設定する方法と、自分の投資用資金に対する数％などの割合で設定する方法がある。

波動を利益に変える売買ポイント

●トレンドラインの応用

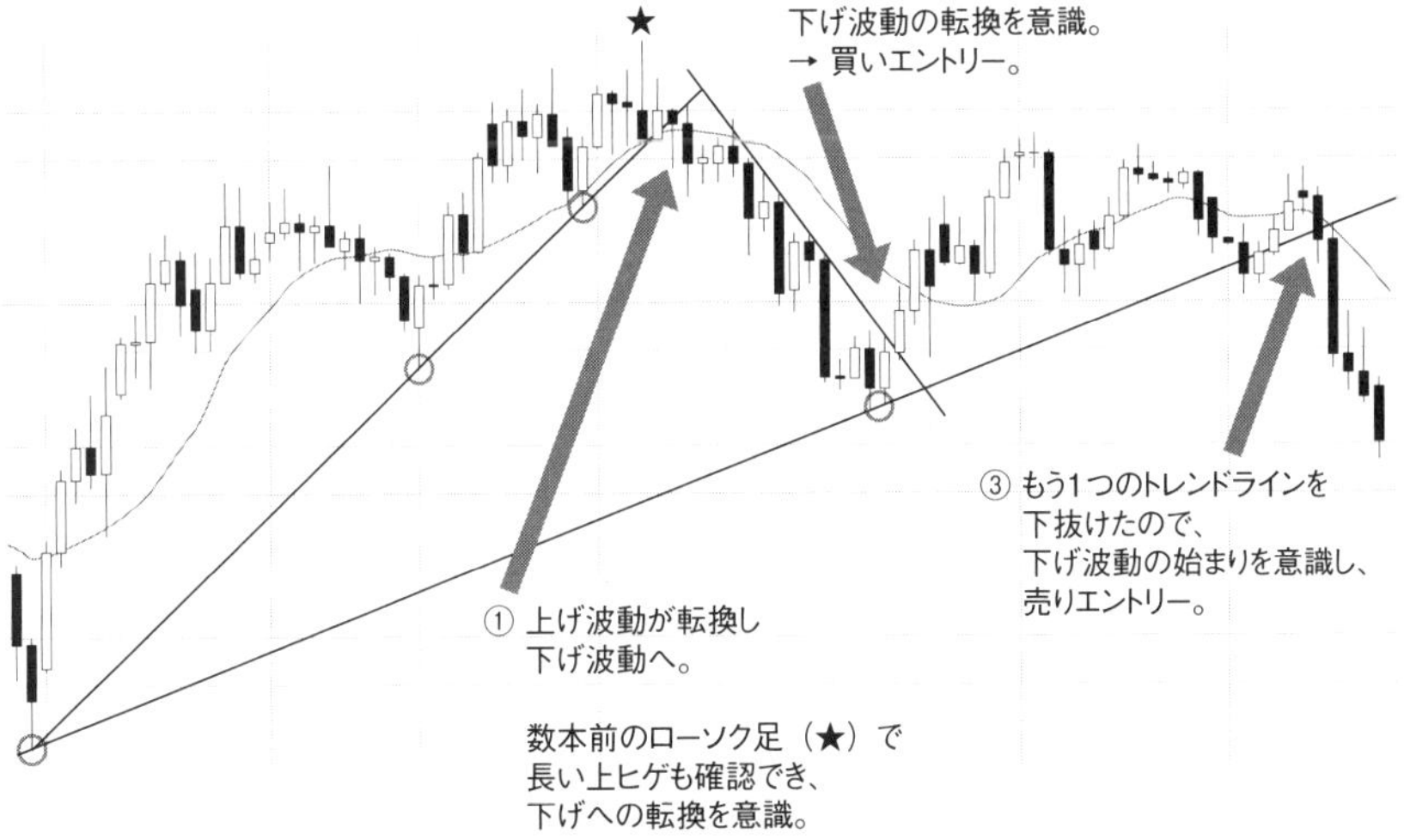

トレンドラインは、複数引いて、色々なケースを想定できるものです。なので、さまざまなラインを引いてみて、波動の転換を予測してみましょう。

3-7

水平ラインを理解しよう

この項目の3つのポイント

1 水平ラインは勝ち続けるために超重要。
2 水平ラインはサポートライン、レジスタンスライン。
3 水平ラインを作る高値・安値付近は価格が動く。

何も考えないで売買をして、安定して利益を出す投資などどこにもありません。では何を考えるのかと言えば、価格の動きということになります。

では何を基準にすればいいのでしょうか。本来基準とすべき価格というものは、基本的には自分で設定して自分で決めるものです。

とは言うものの、プロの投資家も一般の個人投資家も、投資家であれば絶対に無視することはできない基準というものがあります。それは水平ラインです。

水平ラインとは、主な安値と安値を結ぶサポートライン（下値支持線）と主な高値と

波動を利益に変える売買ポイント

●高値、安値を結んだ水平ライン

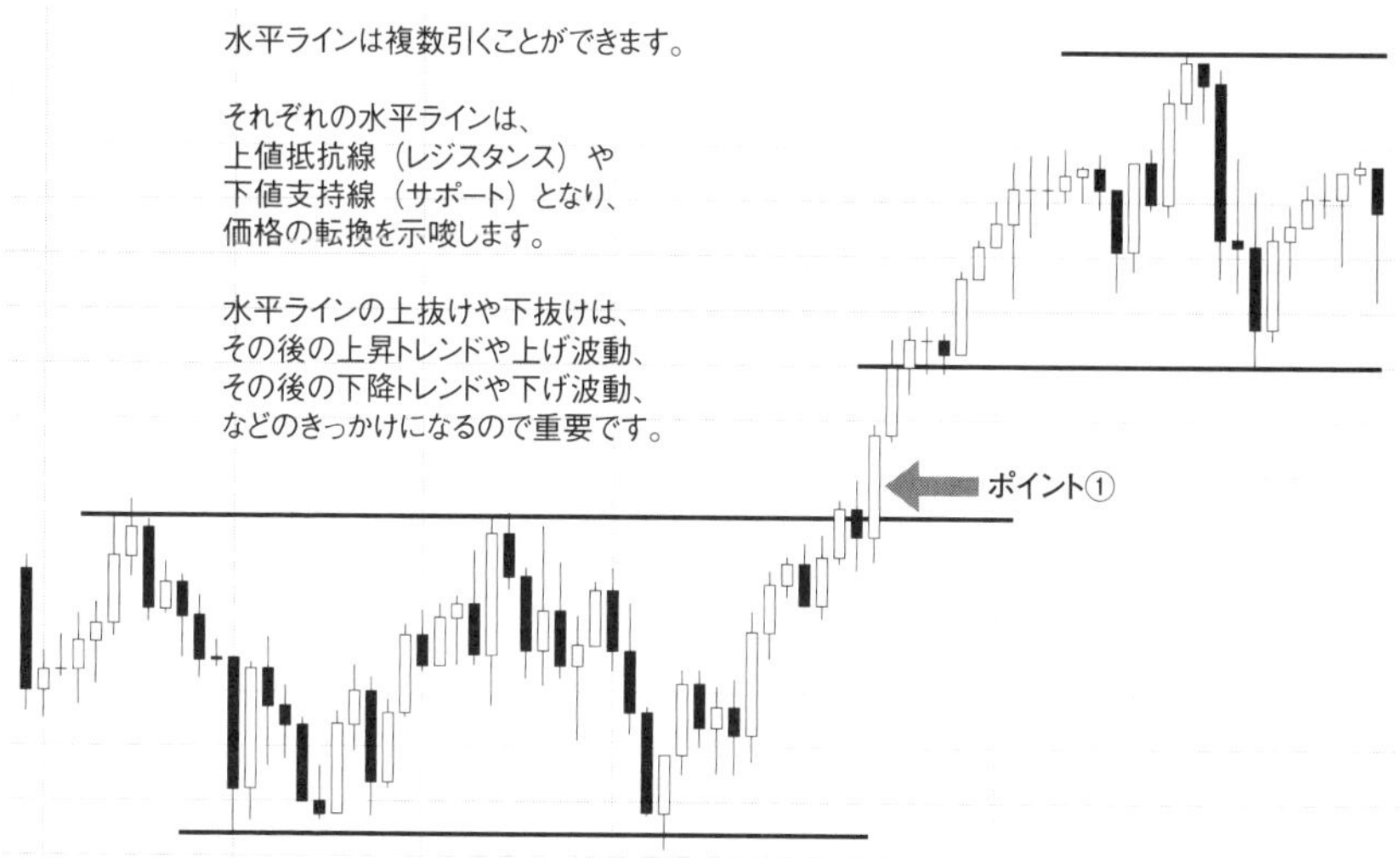
水平ラインは複数引くことができます。
それぞれの水平ラインは、
上値抵抗線（レジスタンス）や
下値支持線（サポート）となり、
価格の転換を示唆します。
水平ラインの上抜けや下抜けは、
その後の上昇トレンドや上げ波動、
その後の下降トレンドや下げ波動、
などのきっかけになるので重要です。
ポイント①

高値を結ぶレジスタンスライン（上値抵抗線）の総称です。

上の図のチャートの水平ラインはレジスタンスラインだったので、価格が水平ラインを上抜けすると、ポイント①のように一気に価格が上昇しました。

相場は需要と供給のバランスで動いているので、買い勢力のほうが強ければ価格が上昇し、売り勢力のほうが強ければ価格は下落していきます。水平ラインは、買い勢力と売り勢力の勝敗を左右する瀬戸際の線なので、多くの投資家がこのラインを意識しています。

なぜ買い勢力と売り勢力の勝敗を左

右するラインが重要なのかというと、そのラインを超えると勝敗が決定するからです。

勝敗が決定してしまえば、勝った側に飛び乗って安定した利益を得ることができる確率が高まります。レジスタンスラインの上に行けば、同じような思惑の投資家が次々と買い注文を出すので、価格がどんどん上昇します。サポートラインの下に行けば、同じような思惑の投資家が次々と売り注文を出すので、価格がどんどん下降します。

投資家には短期のトレーダー、中期のトレーダー、長期の投資家がいますが、水平ラインは、どの時間足で売買をする投資家も意識する価格帯にラインを引くことが重要です。

3分足の短期トレーダーにとっても、4時間足の中期トレーダーであっても、日足で売買する投資家にとっても、週足で売買する投資家にとっても重要な価格といったように、重なれば重なるほど重要なラインになります。実際には、5分足のトレーダーから週足の投資家まで、どの投資家も重要だという価格はめったにありませんが、できるだけ多くの足の投資家に重要な価格を探しましょう。

多くの投資家が意識するのは、重要な高値や安値に引く水平ラインです。そして移動平均線と併せて見ると精度が増します。

左の図はあるチャートに20期間の移動平均線を表示させたものなのですが、移動平均

波動を利益に変える売買ポイント

●水平ラインでの買い方、売り方の気持ち

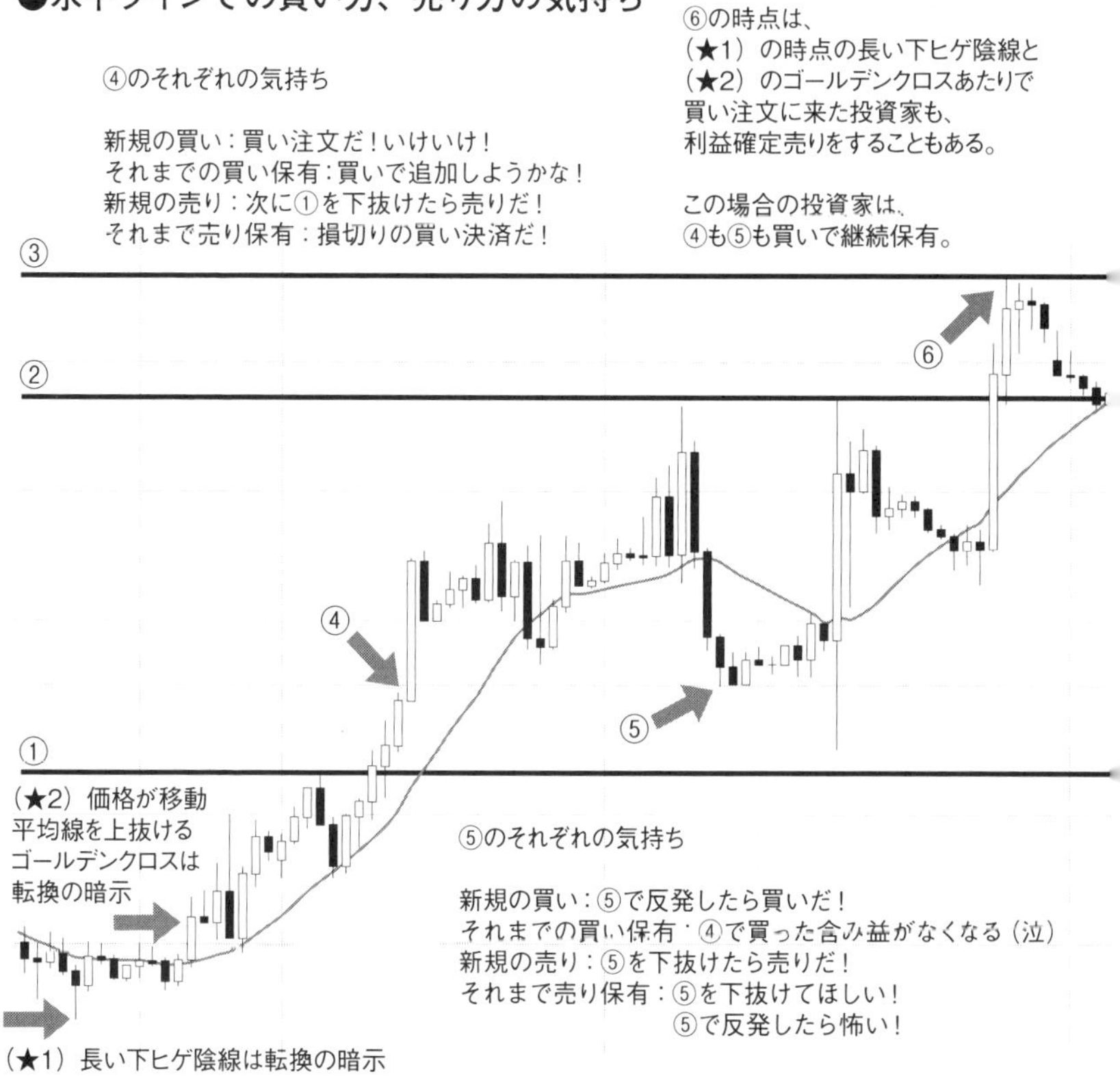
⑥の時点は、
（★1）の時点の長い下ヒゲ陰線と
（★2）のゴールデンクロスあたりで
買い注文に来た投資家も、
利益確定売りをすることもある。
この場合の投資家は、
④も⑤も買いで継続保有。
④のそれぞれの気持ち
新規の買い：買い注文だ！いけいけ！
それまでの買い保有：買いで追加しようかな！
新規の売り：次に①を下抜けたら売りだ！
それまで売り保有：損切りの買い決済だ！
③
②
⑥
④
⑤
①
（★2）価格が移動
平均線を上抜ける
ゴールデンクロスは
転換の暗示
⑤のそれぞれの気持ち
新規の買い：⑤で反発したら買いだ！
それまでの買い保有：④で買った含み益がなくなる（泣）
新規の売り：⑤を下抜けたら売りだ！
それまで売り保有：⑤を下抜けてほしい！
⑤で反発したら怖い！
（★1）長い下ヒゲ陰線は転換の暗示

線が作る山と谷を高値安値とすると多くの投資家が意識される高値と安値のラインが見えてきます。次のページに説明がありますが、20移動平均線は、証券会社でもデフォルトで設定されていることが多く、日足で売買をする投資家にとっても20日はおおよそ1か月

を示すので参考になります。

このチャートは水平ラインがレジスタンスラインを上回ってブレイクしたというケースです。実際に水平ラインを引く上でも、サポートライン、レジスタンスラインというのは大変重要です。押し目買い、戻り売り（3-9参照）などのケースにおいても水平ラインは参考になります。

前ページの図のように、①、②、③の3本の水平ラインがあったときには、まず①の水平ラインを抜けた④の時点で、④になるまでずっと待っていた2種類の投資家が買い方向に価格を動かします。1つは④で新規の買い注文をする投資家です。もう1つは④までに売りポジションを持っていた投資家で、彼らは損切りの買い決済をします。この両方の買い注文が、④のところで殺到し価格が上昇したとします。

すると次は、水平ライン②まで行ったところで、④あたりから買い注文を出して十分な利益を取った一部大口投資家の利益確定の売り注文や、価格の転換を待っていた新規の売り注文の投資家が出てきて価格が下がり、⑤の水準まで落ちてきます。

水平ライン①は元々、④のポイントではレジスタンスラインだったのですが、⑤のポイントではサポートラインとして働き、⑤のポイントで買い注文を仕掛けてくる投資家も出てきます。④から⑤の間に売り注文を出していた投資家も、ここで利益確定の買い注文をするポイントとなります。

こうした思惑がすべて集中し、買い注文が殺到、価格は上昇し、②の水平ラインを越えますが、水平ライン③に届く⑥のポイントでは、レジスタンスラインの力が働き、多くの売り注文が入って価格が急落しています。実はチャートの左端から⑥までを見ると、大きく右肩上がりしている傾向がありますから、中長期でポジションを持っていた投資家も、もう十分だと利益確定の売り注文をしたこともあって、⑥では下がったのです。

その後上昇における水平ライン、すなわちレジスタンスラインとしては⑥の価格帯が意識されるようになります。このチャートではほどなく、この水準をブレイクして上昇トレンドに入り、急騰しているところで終わりということになります。

以上見てきたように、水平ライン付近では、多くの投資家の投資行動が転換することが多いため、水平ラインの価格帯は大変重要なポイントになるのです。

次ページで水平ラインの売買ポイントを解説していきます。

① 上値抵抗線ブレイク（レジスタンスライン・上値水平ライン）

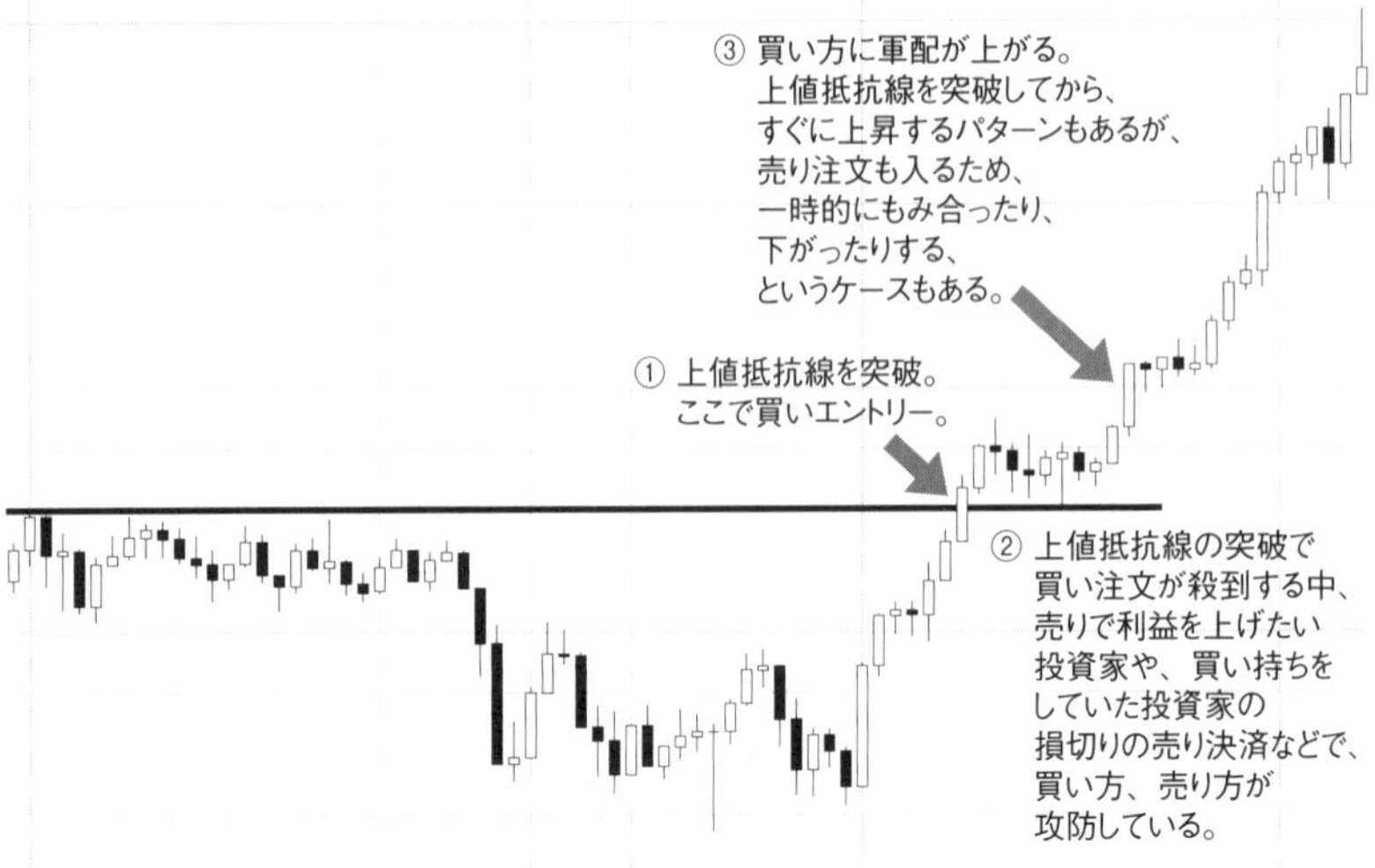

② 下値支持線ブレイク（サポートライン・下値水平ライン）

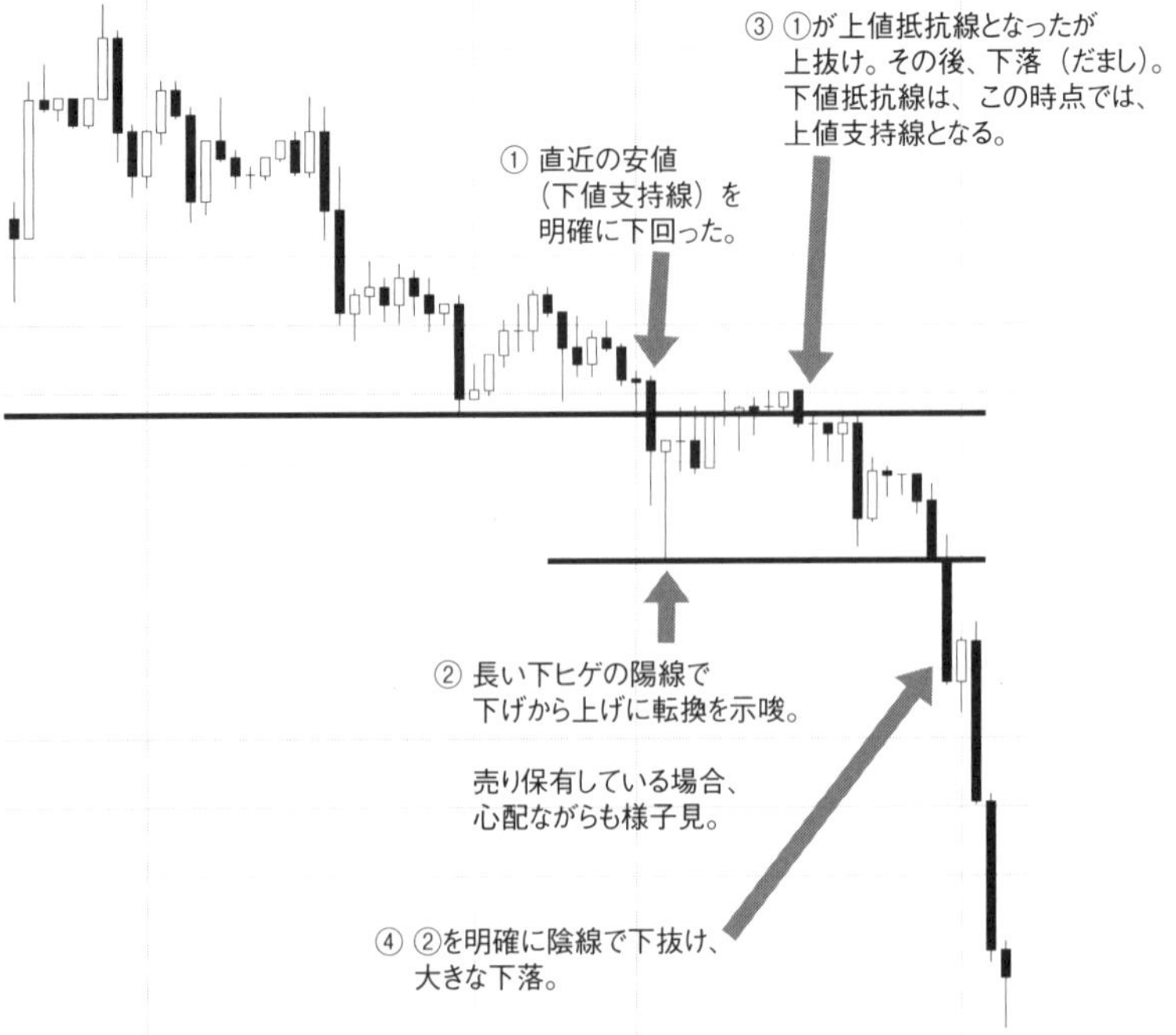

3-8
ダウ理論を理解しよう

この項目の3つのポイント

1 ダウ理論は覚えておいたほうが良い。
2 トレンド相場攻略のための重要理論を覚えよう。
3 高値、安値付近の投資家心理を考えてみよう。

ダウ理論とは、チャールズ・ダウ氏が提唱した市場での値動きを評価するための理論です。ダウ理論は6つの法則から成り立っています。

法則1：価格（平均株価）はすべての事象を織り込む
法則2：トレンドは短期・中期・長期の3つに分類される
法則3：主要なトレンドは3つの段階から形成される
法則4：価格は相互に確認される必要がある

法則5：トレンドは出来高でも確認されなければならない
法則6：トレンドは明確な転換シグナルが出るまで継続する

チャート分析が大切なのかファンダメンタルズ分析が大切なのかについては、両方とも大切という前提がありますが、**しかし本書ではすでにチャート分析を中心にトレードで利益を上げることを推奨しています。**そこで、ダウ理論の中でも以下の3つの法則が特に重要になります。

1．トレンドは短期・中期・長期の3つに分類される
2．トレンドは出来高でも確認されなければならない
3．トレンドは明確な転換シグナルが出るまで継続する

この3つの法則は、あなたの利益に直結するものなのでしっかりと覚えておくのがいいでしょう。

1つ目は、「トレンドは短期・中期・長期の3つに分類される」です。相場には、多くの投資家がいますが、彼らはさまざまな時間軸で相場を見ています。現在の価格は、すべての投資家にとって同じですが、見ている時間軸によって意味が変わってきます。短

期トレーダーにとって最高の買い注文のタイミングは、必ずしも中期トレーダーや長期の投資家にとって最高のタイミングであるとは限らないのです。

この場合の時間とは、ポジションの保有時間です。長いポジション保有時間を持つ投資家は、一時的に価格が自分の思惑と外れて逆方向に行ったとしても、簡単にはポジションを決済しようとはしません。

トレンドは上昇・下降の方向だけでなく、勢い（強さ）という概念もあり、勢いが弱まったと見ると、短期・中期のトレーダーは決済します。長期の投資家は長期間の上昇トレンドを見ているわけですが、それに勢いがなくなったと見ると中期の投資家は、売り決済をするわけです。その結果生じる一時的な下げが、長期トレンドに押し目を作ります。さらに短期でトレードする人たちがいて、彼らは中期の投資家が見ているトレンドの中に押し目を作っていきます。

2つ目は、「トレンドは出来高でも確認されなければならない」です。**出来高とは売り買いの成立数を表したものです。**株式投資だと売買が成立した成立株数を知ることが簡単にできます（なお為替であるFXでは出来高はわかりません）。**出来高が大きいということは、多くの投資家が売買をしているということの証しであり、出来高が跳ね上がる**

と大相場が来たことがわかります。

面白いことに、出来高が下がってきているのに現在の価格は上昇しているということがしばしば発生します。チャートを見ていると現在価格は上昇しているので、多くの投資家がまだ上がると思って買い注文を出します。この注文は高値づかみであることが多く、その後急落して大損してしまう投資家が多く出てくるタイミングです。

投資に限らず、日本人は勢いがあるものに、自分も乗っかって利益を得ようとする傾向があります。しかししっかりと本質を見極めないとかえって損をすることがあるので気をつけないといけません。

オシレーターという指標があります。相場の強弱を示す指標です。買われすぎている、あるいは売られすぎているので注意が必要だといったことがわかるものです。オシレーターは出来高と動きが連動していますので、**この法則に当てはめると、「トレンドはオシレーターでも確認されなければならない」ということになります。**

３つ目は、「トレンドは明確な転換シグナルが出るまで継続する」です。大前提ですが、相場において最も大切なのは現在の価格です。そして現在の価格が今後上がるのか、それとも下がるのかということが、あなたの利益に直結します。さらに現在の価格が今後

①〜⑦のそれぞれの投資家の心理を考えてみよう

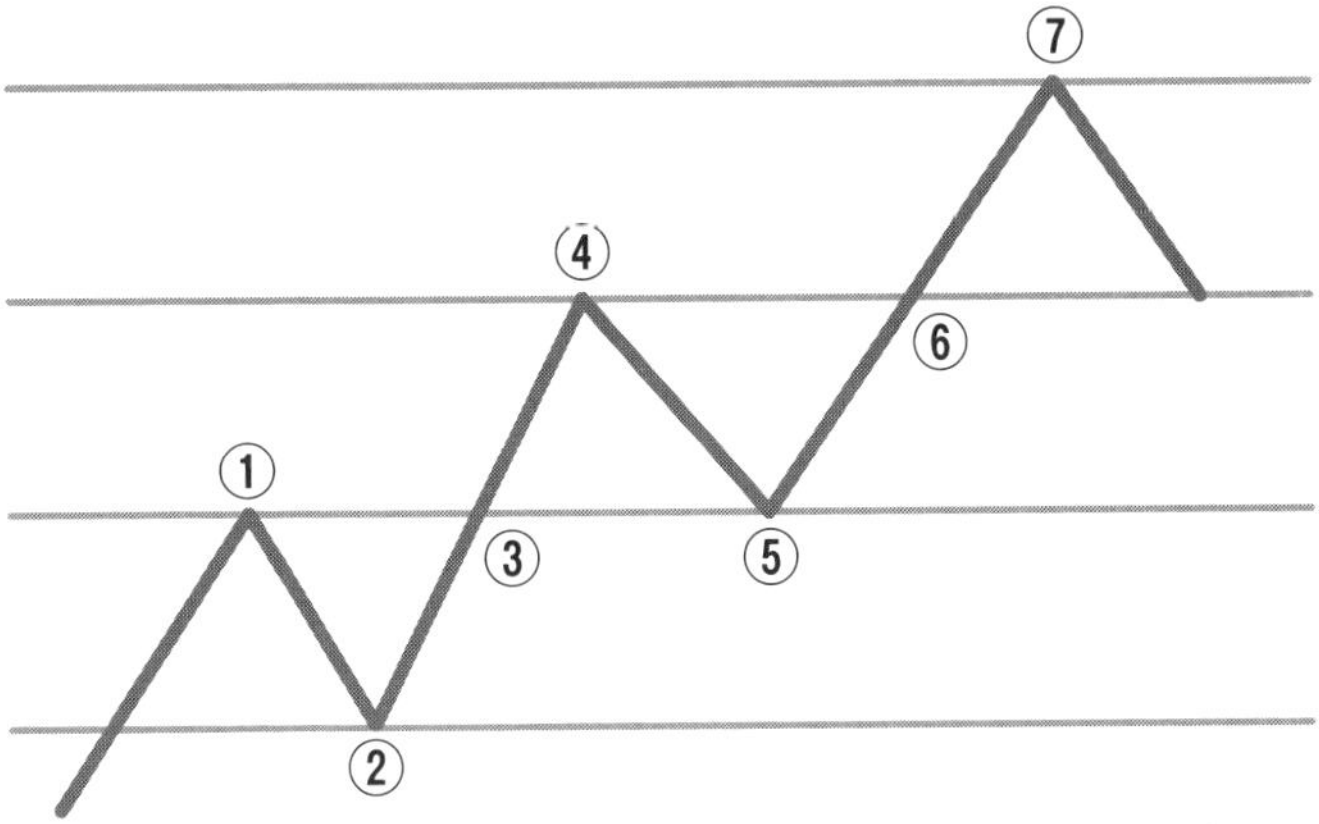

上がるのか、それとも下がるのかという判断は、過去の値動きや現在の相場状況からしかできません。

ですから過去のチャート上における節目は、しっかりと理屈を理解しておかなければなりません。ですが基本的にはすべての投資家が注目しているため、その節目では注文が集中する傾向にあります。

上図のチャートで、節目節目でどのような投資家心理が生じるものなのかを説明しましょう。

①で価格が反発して下がったとします。

この高値を超えると考える投資家よりも、この高値は超えないだろうと思う投資家のほうが多いからです。
②のサポートラインで価格が下げ止まり、再度上昇を始めます。
②から③へと価格が上昇するにつれて、前回の高値である①を超えるかどうかに注目が集まります。①のときと同じように下落する可能性があるので、買いポジションを持っていた投資家の中にはいったん売り決済をしておこうという気持ちになる投資家もいます。
ここで長期の投資家や①を超えたら新たにポジションを持とうと思う投資家が、①の少し高値で買い注文を集中して入れていきます。長期の投資家はさらに資金を追加します。

一方①から②への値動きを下降トレンドと判断してポジションを持った投資家もいて、彼らは②から③と価格が上昇する間に、含み益がどんどん目減りしていきます。もし③を超えて価格が上昇するのなら、損切りの買い注文を入れないといけないと思案しています。

したがって③のポイントで、前回の高値である①を超えると、以上の投資家たちの注文が殺到し、また価格が変動します。

ちなみに重要な高値を超える部分で価格が上昇したり、逆に重要な安値を超えて価格が下降したりする局面を狙って売買する手法をブレイクアウトと言います。ですが、ただ高値（や安値）を超えたからという理由だけでブレイクアウトを実行する投資家が大勢いるのが問題です。これだけの理由で注文をしても、勝率は良くならず、むしろ悪くなります。注文が集中するポイントをしっかり見極めてこそ、ブレイクアウトは有効だということです。

このチャートでは、③をいったん抜けると価格は上昇し、④まで上がりました。ここからは④でもう十分利益が上がったと考える短期トレーダーや、過去のチャート分析を参考にしながら売り決済をする投資家が出てきてトレンドに勢いがなくなり、一時的に価格が下がることが多いものです。

④の時点から新規の売り注文をする投資家も現れ、さらに価格は下がり⑤を目指していきます。そして①の価格は「過去の重要な高値」だったものが、サポートラインに変わります。④から⑤へと価格が下がってくるにあたり、⑤のライン（①と同じ値段、すなわちサポートライン）の少し上には、この価格で反転することを期待した買い注文が仕込まれるというわけです。

このときでも、長期の投資家は絶好の買い増しのタイミングと思い、買い注文を仕込んでいます。この買い注文もあり、価格の下げ傾向も次第に勢いが弱まり、勢いが弱まったと見た投資家がさらに買い注文を入れてきます。その結果、⑤で価格が反転し、⑥へと価格が上昇していきます。

仮に⑤の価格を下回ったとしても、買い目線で見ている投資家は②を最終ラインと考え、そこまで落ちれば下がっていた価格が反転して上昇に転じると、買い注文を仕込んでいるものです。

このチャートでは、⑥を抜けた価格は⑦まで上がり、⑦で下げに転換しています。トレンドが長く続いたときには、相場に算入してきた投資家が増えてきて、一斉に決済し始める「利食い期」となり、急落する可能性があります。こうしたことも踏まえて、注意していかなくてはなりません。

ここまで見てきたように、トレンドは一度発生するとその形が完全に崩れるまで、要は上昇トレンドであれば高値を更新しなくなるまで継続していきます。

3-9 グランビルの法則を理解しよう

この項目の3つのポイント

1 グランビルの法則も覚えておいたほうが良い。
2 8つの買い局面、売り局面を覚えよう。
3 投資家心理と売買局面の関係を理解しよう。

投資で安定して利益を上げることを目指す人にとっては、グランビルの法則は必ず覚えておくべき法則です。端的に言えば、株価と移動平均線の位置関係から注文をすべきタイミングを教えてくれる法則です。

グランビルの法則は、1960年代に米国のジョセフ・グランビルという証券アナリストが発見したと言われています。グランビルは200日移動平均線の傾きにより、株価が上昇トレンドになるのか下降トレンドになるのかということを判断し、買い注文をするべきタイミングと、売り注文をするべきタイミングを8つの基本形として提唱しました。

当時は現在のように誰もが簡単にチャート分析をできる環境が整っていなかったので、200日移動平均線が採用されました。ですので必ずしも200日移動平均線でなくてかまいません。いずれにしても投資家心理や市場心理の観点から、グランビルが挙げた8つの基本形は覚えておいたほうがいいでしょう。

とはいえ、グランビルの法則も勝率100%ではありません。そんな法則や手法がないことは何度も申し上げたとおりです。しかし勝率を少しでも高くするためにも、相場の原理原則を教えてくれるグランビルの法則は重要です。正しく理解をしておきましょう。

グランビルの法則を紹介する前に重要な話をしておきましょう。「テクニカルなサインには「だまし」(そのとおりにならず反対の結果になること)が付き物」(138ページ参照)とすでに触れました。グランビルの法則も例外ではなく「だまし」があります。だましが起きる原因はいろいろありますが、法則を知っている大口投資家がそれを利用して利益を確定しようとすることで発生することが多いのです。

たとえば、この後すぐに説明しますが、グランビルの法則には、「買い①」という基本形があります。「移動平均線は下向きもしくは横ばいで、現在のレートが移動平均線の下にあるときに、現在のレートが上昇し、移動平均線を下から上に突き抜けたとき」が、買い注文のチャンスということです。

ところがこのタイミングで買いを入れたのに、価格が下落してしまうことがあります。これは大口投資家が、「買い①」の基本形で、新規の買い注文を入れる投資家が多いことを知っているため、「買い①」よりも一歩も二歩も先にすでに保有していた買いポジションの利益確定売りをここでしてくることがあるからなのです。

もちろんグランビルの法則に従って買ってかまわない、というよりもむしろそうすべきだと思いますが、100％確実に儲かるとは思わずに、だましがあった場合の損切りについてもしっかり考えた上で買い注文を入れるべきなのです。

では、8つの基本形を紹介しましょう。
まずは4つの買いパターンです。

買い①《買いの第1段》

1. 移動平均線が下降、または横ばい
2. 価格が上昇
3. 価格が移動平均線を下から上に突き抜けた局面

買い②《押し目買い》

1. 移動平均線が上昇
2. 価格が下落
3. 価格が移動平均線を下回った
4. 移動平均線が引き続き上昇中
5. すぐさま価格が上昇し移動平均線に向かう局面

買い③《買い乗せ》

1. 移動平均線が上昇
2. 価格は移動平均線より上
3. 価格が移動平均線に近づく

4．上昇中の移動平均線が割り込むことなく再度、価格上昇の局面

買い④《自律反発の買い》

1．移動平均線が下降
2．価格は移動平均線よりも下
3．さらに価格が大きく下落（下への乖離《かいり》幅が大きくなった）
4．価格が上昇へ転じた局面（価格は移動平均線に戻る特性がある）

続いて4つの売りパターンです。

売り①《売りの第1段》

1．移動平均線が上昇、または横ばい
2．価格が下降
3．価格が移動平均線を上から下に突き抜けた局面

売り②《戻り売り》

1. 移動平均線が下降
2. 価格が上昇
3. 価格が移動平均線を上回った
4. 移動平均線が引き続き下降中
5. すぐさま価格が下降し移動平均線に向かう局面

売り③《売り乗せ》

1. 移動平均線が下降
2. 価格は移動平均線より下
3. 価格が移動平均線に近づく
4. 下降の移動平均線が割り込むことなく再度、価格下降の局面

売り④《自律反落の売り》

1. 移動平均線が上昇

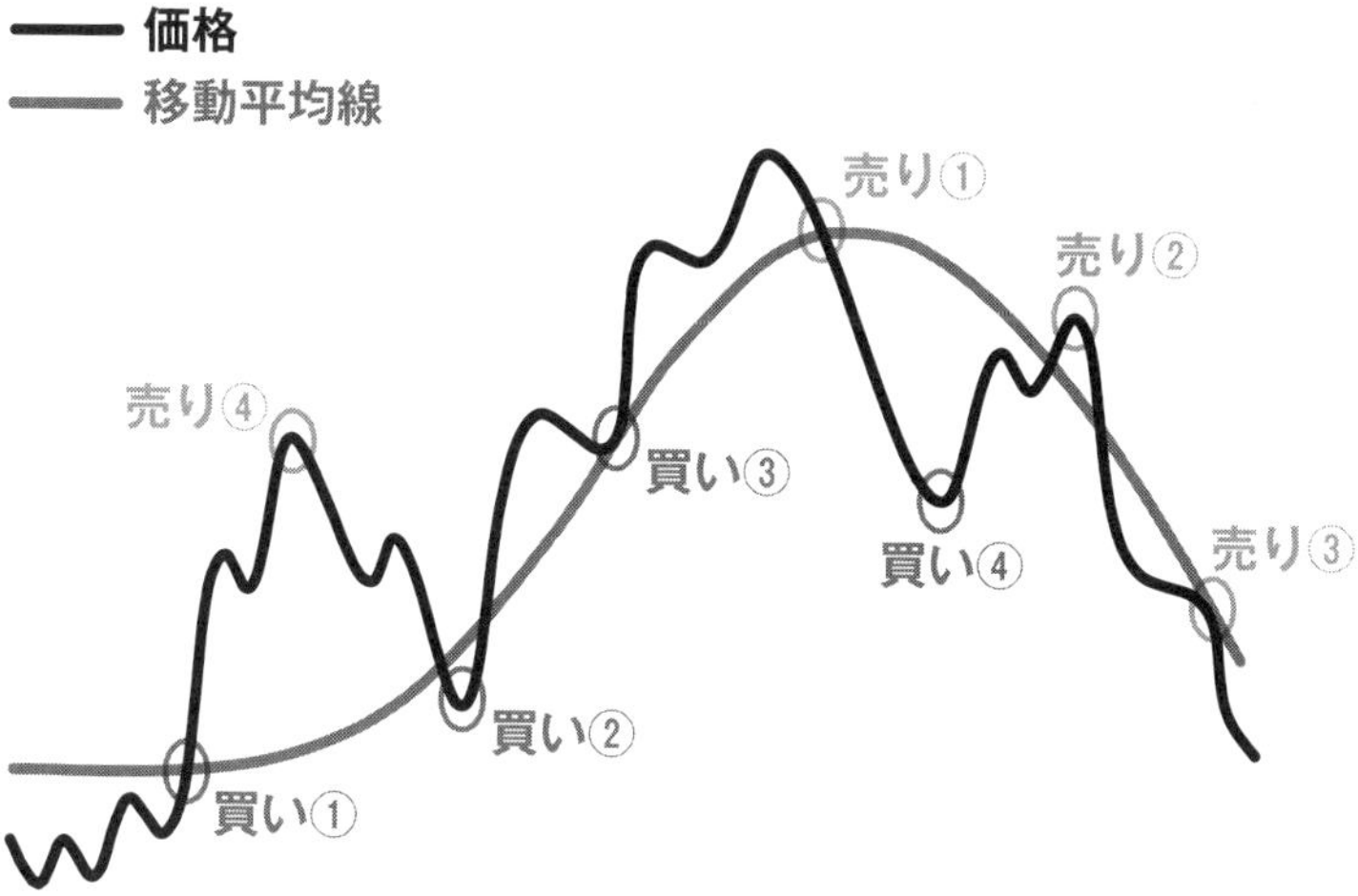

2. 価格は移動平均線よりも上
3. さらに価格が大きく上昇（上への乖離幅が大きくなった）
4. 価格が下降へ転じた局面（価格は移動平均線に戻る特性がある）

図と照らし合わせて理解してください。

「買い①」だけでなく、他の基本形でもだましは必ずあります。そのことを常に頭に置き、しっかりリスク管理をした上で、グランビルの法則に従って売買すれば、利益が上がる確率が高まるはずです。

column
コラム

ゴールデンクロスとデッドクロスの意味

たとえば本日の価格が20日移動平均線よりも上にあるというときは、過去20日で買い注文をした株を保有している投資家は平均的に儲かっているということです。逆に、過去20日において、空売りの売り注文をした投資家は平均的に損をしています。

移動平均線を使った代表的な売買サインとして、ゴールデンクロスとデッドクロスがあります。現在の価格が移動平均線を下から上に抜けるタイミングがゴールデンクロスで、現在の価格が移動平均線を上から下に抜けるタイミングがデッドクロスとなります。

ゴールデンクロスは、それまで買い注文側にいてマイナスだった投資家の損益がプラスに転じる転換点であると同時に、それまで売り注文側にいてプラスだった投資家の損益がマイナスに転じる転換点です。

デッドクロスはゴールデンクロスの逆で、買い注文側にいてプラスだった投資家の損益がマイナスに転じる転換点であると同時に、それまで売り注文側にいてマイナスだった投資家の損益がプラスに転じる転換点です。

今保有中の銘柄の損益がプラスなのかマイナスなのかは、すべての投資家にとって重要な関心事ですが、今までマイナスだった含み損がプラスに転じ、今までプラスだった含み益がマイナスに転じるということも、心理的に今後の売買にとても大きな影響を与えます。

買い注文で保有している投資家は、ゴールデンクロス前にはいつ損切りしようか迷っていましたが、ゴールデンクロスと同時に利益を伸ばそうと考えてさらに買い注文をし、いつ利益を確定しようかと考えるようになります。

これがデッドクロスだとまったく逆になります。同じ買い注文で保有している投資家は、デッドクロス前は安心してポジションを持っていましたが、デッドクロスになるといち早く決済することを考え、マイナスに転じてしまった後は、損切りを検討するようになります。

以上を見ればわかるように、一般的にはゴールデンクロスが買いサイン、デッドクロスが売りサインと呼ばれます。

ゴールデンクロスとデッドクロス

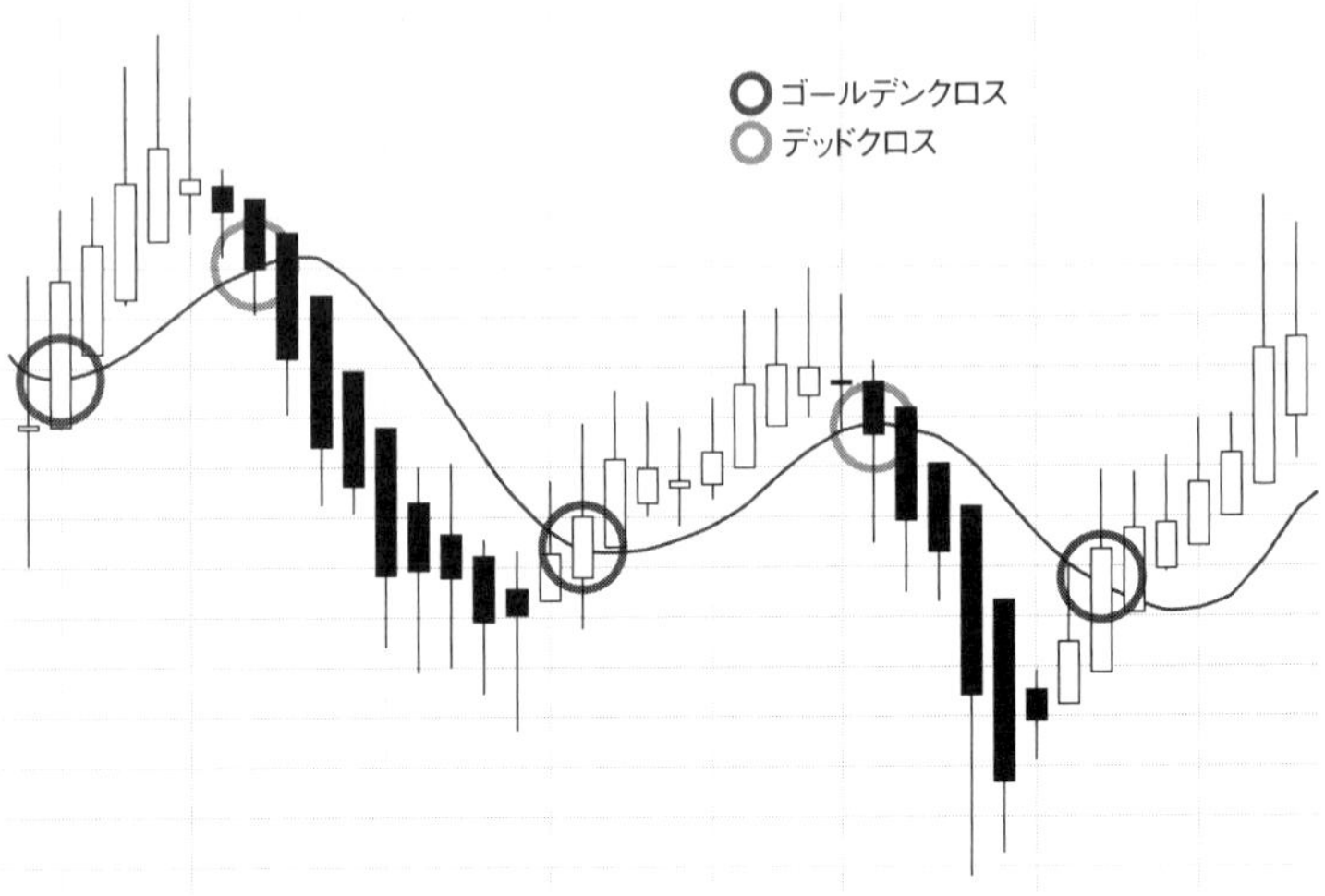

トレンドを読んで利益を上げることが、投資で安定して利益を上げるための1つの大切な方針です。上昇トレンドは、ローソク足が新高値を更新し、それが継続し、これに伴って移動平均線も右肩上がりで継続して上昇していく状態を指します。特に勢いのある上昇トレンドは、価格も移動平均線の上側に位置し続けていきます。

しかし実際の相場では、そう簡単にトレンドを読み切ることは難しい面もあります。「だまし」と呼ばれる現象があり、買いサインが出たと思って買ったら、実はトレンドの発生ではなくて、すぐに下落に転じてしまうこともあるからです。

とはいえ資金管理とリスク管理をしっかりと行い、損をしないように気をつけながら、ゴールデンクロス、デッドクロスなどトレンドの発生確率が高いポイントで注文をしていこうとする姿勢は大切です。移動平均線は、トレンドの発生を高い確率で読むことができる基本の分析手法なので、しっかりと覚えておいてください。

column
コラム

〝だまし〟とは

〝だまし〟という言葉があります。

だましとは、移動平均線を用いたゴールデンクロスやデッドクロスなど、有名な売買ポイントや、多くの投資家が注目しているポイントで生じることがあるもので、売買ポイントであるにもかかわらず、そのサインどおりにいかない局面のことを指します。

次ページ上図（トレンド時のだまし）の簡略的な説明になりますが、黒いラインをトレンドラインと言います。２つの○を結んで引いたラインです。

トレンドが継続する場合には、トレンドラインを価格が下回らずに、トレンドラインの上を推移しますが、□の部分は黒いラインを割ってしまっています。

この時点で、このトレンドは終わったと考えて、「売り」で入る方も多いと思いますが、相場は再び、トレンドへと戻り上がっていきます。

セオリーではない価格の動き（＝だまし）ということになります。

《例》トレンド時のだまし

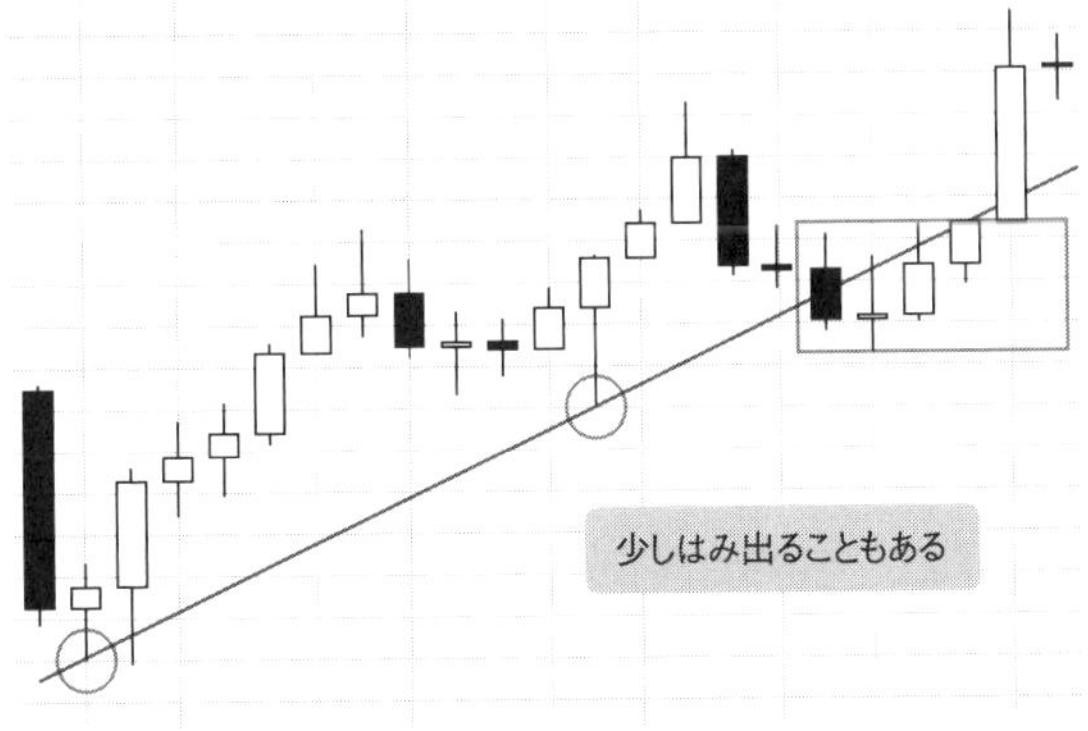
少しはみ出ることもある

《例》ゴールデンクロスのだまし

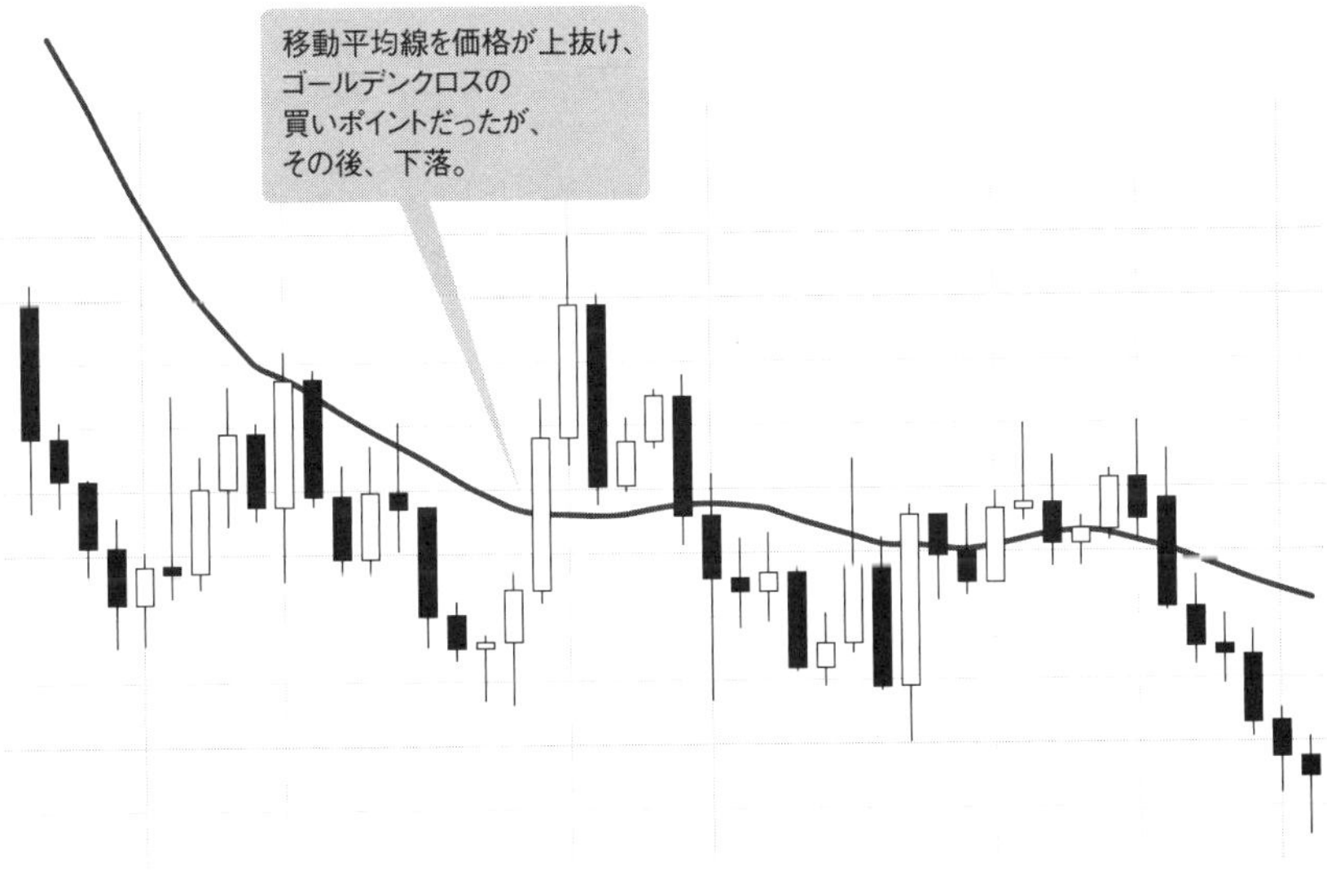
移動平均線を価格が上抜け、
ゴールデンクロスの
買いポイントだったが、
その後、下落。

column コラム

ナンピンは絶対にやってはいけない注文方法

ナンピンというものは絶対にやめたほうが良いということをお伝えしておきます。

ナンピンとは、買った銘柄が下がったとき、追加で買い増しをすると平均購入額が下がるので、プラスに転じるラインを下げることができるというものです。

《例》

①100株を1000円で買いました。
②価格が900円になってしまいました。
③含み損が発生し、100円価格が戻らないと+にはなりません。
④900円で100株追加します。
⑤今持っているのは、200株、平均株価は950円となりました。
⑥価格が50円上がれば、損失は解消できます。

しかしこれは、最悪の買い方です。場合によっては、一撃で大損を食らい退場してしまうことがあるからです。

ナンピンは、波動を利益に変える意識とは真逆となります。上がると思っていた銘柄が、下がれば失敗というのは、波動を獲る意識を持っていたとしてもありうることで、仕方がありません。プロでもよくあることです。

最悪なのは、失敗したにもかかわらず、掛け金を増やしているということです。波動を利益にしようと考えても、波動の転換を見誤り、失敗することがあります。それでも大切なことは、失敗を認めてすぐに損切りをするべきだということです。

column コラム

ロスカットと強制ロスカット

ロスカットとは、損切りのことです。そして、ロスカットには、自分の売買が誤りだと気が付いたときや、大損を回避するために自分で行うロスカットと、証券会社やＦＸ会社が定めているルールに基づいて行う強制ロスカットがあります。

「ＦＸはリスクをコントロールしやすい取引だ」と言われますが、その理由の一つがＦＸにはロスカット・システムが備え付けられているからです。

では、ロスカットとはいったい何でしょうか？

強制ロスカットは、証券会社やＦＸ会社によってさまざまに異なりますが、原則としては、自分の投資用資金に対する損失額などを通じて計算されます。証拠金維持率といって、時価評価総額に対する、必要証拠金の割合などで測られることが多いです。

信用取引やＦＸや日経225先物などでは、証券会社やＦＸ会社からお金を借りてレバレッジをかける手前、強制ロスカットにかからないように余裕資金を保つ意識は大切です。左記は著者が調べた参考ですが、不明な場合や最新の情報は証券会社やＦＸ会社に電話をして確認することをオススメします。なお変更は随時あります。各社にお問い合わせください。

▼GMOクリック証券

証拠金維持率50％以下

＊追加証拠金制度

毎営業日（祝日を含む）のニューヨーククローズ時点において、時価評価総額が取引金額の４％に相当する日本円額を下回った場合（証拠金維持率が１００％を下回った場合）、追加証拠金（追証）が発生。追加証拠金が発生した場合、発生日の翌営業日（祝日を除く）午前3時までに追加証拠金の入金、もしくは、建玉《たてぎょく》の全部又は一部の決済が必要です。期限までに追加証拠金が解消されなかった場合、強制決済が執行され、全建玉の反対売買が行われます。強制決済が執行された場合、手数料が発生いたします（1万通貨単位あたり税込５００円。ただし、南アフリカランド／円とメキシコペソ／円は、10万通貨単位あたり税込５００円）。

▼YJFX

証拠金維持率50％を下回った時

＊追証

追証チェック（毎営業日のニューヨーククローズ時点で算出）の時点で、お客さまの実預託額が維持証拠金額を下回っていた場合、追証が発生します。

追証が発生した場合は、追証発生日の24時までに追証金額分を入金するか、もしくは追証金額分の取引証拠金が減るようポジション決済を行うことにより、追証を解消する必要がございます。

▼SBI FXトレード

証拠金維持率50％を下回った場合

＊証拠金規制

毎営業日の取引終了後、【預託証拠金＋損益評価額－出金依頼額】が取引必要証拠金に不足していた場合に、取引必要証拠金に対する不足額を算出し、翌営業日の取引終了時間30分前までにこの不足額が解消されない場合、全ポジションを強制決済します。

▼DMM FX

証拠金維持率が50％以下

＊追加証拠金制度

毎営業日クローズ時点に「証拠金維持率の判定」を行い、この時点で証拠金維持率が１００％を下回っていた場合には追加証拠金が発生します。

追加証拠金が発生した場合は、追加証拠金が発生した翌営業日の04時59分までに追加証拠金額以上の入金もしくはポジション決済による追加証拠金額の解消が必要となります。

解消期限までに、追加証拠金が0円とならない場合には、保有しているポジションを反対売買による「マージンカット（強制決済）」を行います。

▼外為どっとコム

https://www.gaitame.com/products/nextneo/losscut.html

ロスカットレベルの変更が可能（50%～100%）

※ロスカット・ルールは以下2つのルールを設けています。

1．ロスカットレベルを下回った際に随時ロスカットを執行

2．毎営業日の取引時間の終了時刻の直前1時間に限り、ロスカットレベルの設定値にかかわらず有効比率が100%を下回るとロスカットを執行

▼ヒロセ通商

証拠金維持率100%未満

▼みんなのFX

証拠金維持率100%以下

▼マネーパートナーズ

証拠金維持率40%以下

＊追加証拠金制度

営業日終了時点の証拠金維持率が100%未満の場合、追加証拠金（追証）が発生いたします。追加証拠金が発生した場合、追加証拠金を解消するために入金、または未決済建玉の一部もしくは全部を決済する必要がございます。定められた時刻までに、追加証拠金が解消されない場合、お客様の未決済建玉全てが成行注文にて強制決済されますのでご注意ください。

▼外為オンライン

https://www.gaitameonline.com/fx-info_w06.jsp

4種類のコース

L25R（10、000通貨）：証拠金維持率100%

L25R mini（1、000通貨）：証拠金維持率100%

L25（10、000通貨）：証拠金維持率20%

L25 mini（1、000通貨）：証拠金維持率20%

ロスカットが行われるタイミング（ロスカット値）は、外為オンラインの場合、2つのコースでそれぞれ設定されています。

L25Rコースではロスカット値が取引証拠金×100%、L25コースではロスカット値は取引証拠金×20%です。

＊証拠金判定

L25コースでは、上記で説明したロスカットと、もうひとつ「証拠金判定」というルールがあります。証拠金判定は1日に1回、決められた時間に判定されます。判定時刻は通常、朝の午前6時45分で、米国がサマータイムを適用しているときは、朝の午前5時45分となります。

判定時に必要な証拠金は、その日の取引証拠金以上が必要です。

取引証拠金が32,000円だった場合、朝の証拠金判定時刻に、有効なご資金が32,000円を下回っていたら強制決済されます。

L25コースは、ロスカット値は取引証拠金の20%低いですが、この証拠金判定があるのが特徴です。

【証拠金判定時刻】

・米国標準時間適用期間中：日本時間午前6時45分

・米国サマータイム適用期間中：日本時間午前5時45分

海外市場の休場、欧米のクリスマス期間、元日等は判定時間（取引時間終了時）が変更になります。

▼FXプライム by GMO

証拠金維持率80%を下回っていた場合

▼ＪＦＸ

証拠金維持率１００％未満

▼サクソバンク証券

https://www.home.saxo/ja-jp/rates-and-conditions/pricing-plans/pricing-overview

証拠金使用率１００％に達したとき

（※証拠金維持率ではなく「使用率」で判断）

第4章

投資1年目から大損しないための8箇条

投資は「いかに稼ぐか」「いかに殖やすか」ということに、意識を向けがちですが、投資の熟練者が大切にしていることは「いかに負けないか」「いかにリスクを管理するか」という守りの意識です。

ここでは、投資家としての守りの心得をお伝えします。

4-1

リスクを恐れないようにしよう

この項目の3つのポイント

1 ノーリスクはやめよう。ノーリスクは危険。
2 儲けるには、必ずリスクを取らなければならない。
3 リスクとリターンの関係を理解しよう。

「リスクがあるからやめておこう」

社会人であれば、必ず一度は聞いたことがあるフレーズです。

リスクという言葉は、ふだんの会話では「危ないもの」とか「避けるべきもの」だという意味合いで使います。「ノーリスク」といえば、「危なくないもの」とか「安全なもの」という印象を持ってしまっている人が多いのです。**しかし投資家として自立していきたいのであれば、この考えは改めるべきです。**

投資の世界でも、「元本保証」という条件で金融商品を販売している業者がいます。し

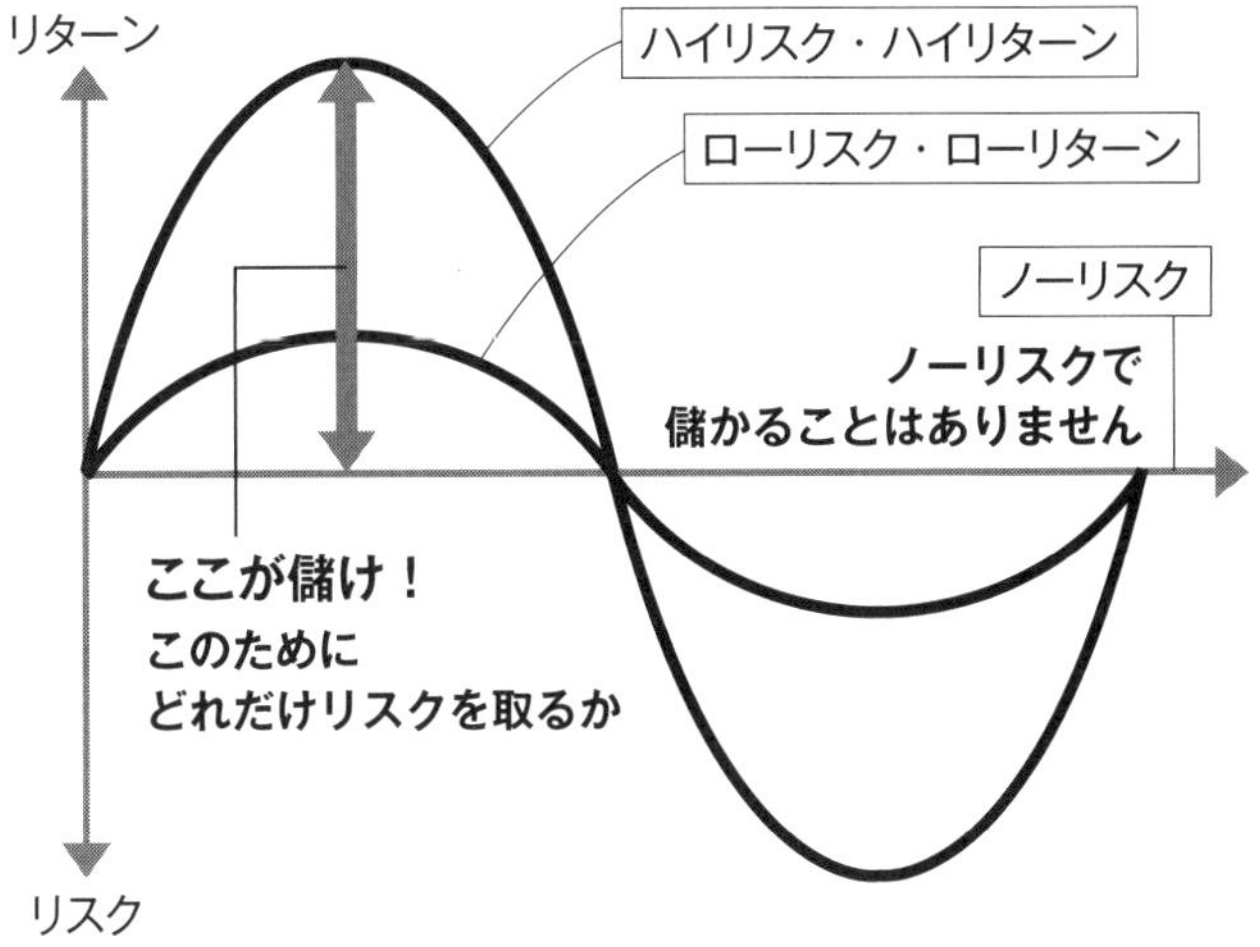

かしインターネット上には「元本保証」「返金保証」といった日本人が魅了されやすいフレーズを巧みに扱い、セールスに持ち込む詐欺まがいの会社もあるので注意しなければいけません。

ここで断言しますが、投資のプロの世界では、「リスク」という言葉を「危ないもの」とか「避けるべきもの」という意味では使いません。私たちは、リスクとは「変動率」のことを指して、そう言います。要するに「ブレ幅」のことです。

ハイリスク、ローリスクと言いますが、ブレ幅が大きいのがハイリスク、小さいのがローリスクです。ハイリスク・ハイリターンならば、ブレ幅が大きい分だけ大きなリターンがあり得る、ローリスク・ローリターンならブレ幅が小さい分だけリターンも小さくなるという意味です。

問題の「ノーリスク」は「ブレ幅ゼロ」のことです。リターンは、**ブレ幅から生まれるものですから、ノーリスクでリターンが得られることはあり得ません。投資の世界ではノーリスクは、ノーリターン、すなわち「儲からない」という意味です。**ですから「元本保証で資産が倍増する」という宣伝文句には、何か裏があるのではないかと疑うべきなのです。けっして、ノーリスク＝安全という意味ではありません。注意しましょう。

繰り返しますが、リスクというのはブレ幅のことです。つまり価格が上限変動をするという意味であり、それ自体は怖いものではありません。**トレードにおいては、価格の上下の変動こそが儲けを得るための源泉です。つまりリスクは、儲けの源泉なのです。**当たり前ですが、どんなに凄腕のプロトレーダーがいたとしても、値動きが一切ない市場では1円も稼ぐことはできません。

ですから投資で利益を上げたいと思ったらリスクは必ず必要になります。投資初心者がまず頭に置いてほしいことは、リスクは避けるものではなく管理するものだということとです。リスク管理とは、一方で大損を防ぎながら、一方でメリハリのあるトレードを続けていくことです。リスクを管理することで、大きな資産を作り上げることができるのです。

トレードの目的は儲けること、言い換えれば、リターンを得ることです。リスクとリターンは表裏一体の関係であり、ハイリターンを求めれば裏にはハイリスクがあります。**あっという間に資金が倍増する投資法は、あっという間に資金を失ってしまう投資法でもあるのです。**一方ローリスクすぎる投資ばかりだと、リターンもあまりにも少なく、大切な時間と手間を使って投資をする意味がありません。アルバイトでもしているほうがよほど時間の有効活用になるでしょう。どのぐらいのリスクを取るかというバランス感覚がとても大切になります。

ちなみに株やFXとは異なり、「どのぐらいの成果が得られるか」が約束されている銀行の預金や企業が発行する債券もあります。銀行への預金は銀行にお金を貸したことに、債券の購入は企業にお金を貸したことになります。銀行も企業もたとえ赤字になっても、借りた人に期日までに利息をつけてお金を返さなければなりません。

一方株やＦＸではリターンは約束されていません。リスクは預金や債券より大きくなります。しかしその分預金や債券より、大きなリターンが得られる可能性があります。逆にいえば、預金や債券では、株やＦＸより大きな成果を得ることは困難です。

今の時代は、銀行預金や債券で自分のお金を増やそうと思っても、利率が小さいので、ほとんど儲かりません。自分でリスクを管理しながら、預金や債券より大きなリターンを得ていくという意志を持つことが、資産形成という観点からはとても大切になります。**そのためにはリスクは避けるべきものではなく、管理すべきものだと理解することが大切なのです。**

リスク管理に役立つように、株式投資とＦＸの代表的な損失リスクをコラムにまとめました。ぜひ参考にしてください。

column コラム

株式投資の3つの損失リスクと管理方法

株式投資をする上で把握しておかなくてはならないリスクについて、ここでまとめておきましょう。**知っておきたいリスクには3つあります。一番基本的なリスクは、価格変動のリスクです。**

株式投資には現物取引と信用取引というものがあります。代表的な取引では、買い注文をして、売却して決済するというものがあります。この場合、買った株が上がれば利益になりますし、下がれば損失になります。

ある株を1、000円で100株、10万円分買ったとします。時間が経ちその株が1、200円に値上がりしたとします。すると、2万円の利益が生じて、元手は12万円になります。もし買った株が800円に値下がりしたとすると、2万円の損失が生じ、元手は8万円になります。

信用取引であれば「空売り」もできます。信用取引の場合は、売り注文で利益を出すこともできますが、その際に株価が上がってしまうと損失になるので注意が必要です。

信用取引は、投資用資金を保証金として証券会社に預けることで、その保証金の約3・3倍までの資金を取り扱うことができるようになります。これをレバレッジと言います。

レバレッジには、メリットとデメリットがあることを理解しておきましょう。

現物取引の場合は自己資金が50万円なら取引できる金額は50万円までになります。しかし、信用取引の場合はこの50万円を保証金とすれば約3・3倍の166万円まで取引ができるようになります。信用取引のメリットはこのように、少額の資金しかなくても大きな取引ができるという点です。

しかしこれはそのままデメリットにもなります。自己資金の場合50万円である銘柄を買って、25万円の損失を出してしまった場合に手元に残る資金は25万円です。これは単純な引き算ですから説明は不要と思いますが、いずれにしても自己資金以上の損をすることはありません。

ところが信用取引の場合、レバレッジを3倍にしていたら、同じ額の株価下落でも、3倍の75万円の損失を出してしまうことになります。自己資金が50万円しかなかったわけなので、最終的には25万円の負債を背負ってしまうことになります。この額が大きすぎると返済不能になる投資家も出てきますので、証券会社は強制的にロスカットをするか、追加の保証金を取ろうとします。これを追証といい、証券会社ごとに設定している証拠金維持率を下回る損失を出すと、追証を入れなければならなくなります。追証が入れられなければ、そこでトレードは終了となり、強制的にロスカットされることになります。これが信用取引のデメリットであり、リスクです。

投資において最も大事なことは大損をしないために資金管理やリスク管理を行うことだと再三述べてきました。したがって投資用資金を半分も吹き飛ばすようなギャンブルのような投資を行わないのが前提です。ただ、こういうリスクがあることは把握しておくべきでしょう。

2つ目は、企業倒産のリスクです。株式市場では上場している企業の株を売買するわけですから、頻繁な倒産はありませんが、万が一倒産したり、上場廃止になってしまったりすると、保有していた個別銘柄の株価は急落し、紙くず同然の価値となってしまうので注意が必要です。

ニュースで企業倒産が発表されると、その企業の株を売りたい投資家が殺到します。

しかし、買い方と売り方の両方が存在しなければ売買は成立しませんので、この売り注文は確定されることがありません。企業の倒産情報などが発表された時点ですぐに売り注文を出しても、決済が完了しないことが多く注意が必要です。

これについてはふだんから新聞やネットなどで情報収集しておき、危ない兆候があれば、早めに手仕舞いしていくしかありません。

株式投資家がもう1つ理解しておきたいリスクが流動性です。流動性というのは、現金に替えられるかどうかという意味で、要するに多くの投資家が、その銘柄にお金を投じているのかどうか、つまり売買が盛んかどうかということです。多くの投資家がお金を投じているときには流動性が高く、少しの投資家しか投じていないときには流動性が低くなります。

現金に替えにくいというのは買ってくれる投資家が少ないということです。つまり流動性が低い銘柄は、自分が売りたいと思ったときにうまく売れない場合があることになります。そうすると、適正なレベルでの損切りもできず、思わぬ大きな損失につながることがあります。

ある銘柄を1、000円で1、000株買ったとします。気が変わってその銘柄を995円で手放したいと思ったのですが、流動性が低く、980円でようやく手放せることがあるのです。995円で手放せていたら5、000円の損失で済みましたが、980円だと20、000円の損失になります。

会社の倒産リスクのところでも書いたように、売買というのは売りたい人と買いたい人がいて、それぞれの値が釣り合わないと成立しません。したがって流動性のリスクも考えれば当たり前のことなのですが、忘れがちなので強く注意を喚起しておきます。

流動性のリスクは、株価情報を見れば出来高も記載されていますので、それを見て判断することで回避できます。

column
コラム

FXの9つの損失リスクと管理方法

FXトレードをする上で必ず覚えておかなくてはならないリスクがあります。日本人にはFXをギャンブルだと考えている人もいますが、生じるリスクをしっかりと把握しておけば安定利益を生み出すことができるのがFXであり、けっしてギャンブルではありません。ただしリスクを把握しないでFXトレードを行うと、現物株の株式投資よりも大幅な損失を被る怖れがあるので、それを避けるためにもリスクをしっかり把握しておきましょう。FXで押さえておきたいリスクは、9つあります。

1つ目のリスクは信用リスクです。これは、FX会社に対する信用の話、つまりFX会社も倒産することがあるということです。日本のFX会社は現在では、信託保全といって、会社の運営資金と投資家から預かった運用資金を別の口座で保有し、万が一会社の経営が悪化して会社の運営資金がなくなってしまっても、投資家の運用資金はしっかり守るというルールが義務付けられています。

しかしFX会社は、世界中にあります。日本ではレバレッジが25倍までというルールがあるのですが、海外のFX会社にはレバレッジが400倍以上という会社もあります。レバレッジが高いということは少額の資金でも大きな利益を出せる可能性があるということです。そこで日本人にも、海外のレバレッジの大きいFX会社に口座を開設して、運用する人がたくさんいます。しかし海外のFX会社には信託保全というルールが適用されないケースがほとんどであり、万が一自分が口座を開設した海外のFX会社が倒産した際には、自分の預けた投資用資金も失う場合があります。

信用リスクは、日本の法律が機能するFX会社で取引をすれば回避できます。

2つ目は、電子取引リスクです。最近では、FXはオンライン上で売買をするのが一般的です。オンライン取引で利用するのは電子機器であることから生じるリスクです。たとえばFX会社のサーバーがダウンするとか、インターネットにつながらなくなるとか、スマホアプリがエラーを起こすとか、パソコンが故障してしまうといったことで取引ができなくなることがあります。その間に持っているポジションと逆に為替が動いてしまい、大損する怖れがあります。

電子取引リスクは、大手のFX会社を複数利用することで回避しやすい環境にできます。自分の側でも万が一の故障に備えて、パソコンやインターネットプロバイダーを二重化しておくという対策ができます（もちろん二重化する分、お金はかかるので、損失との兼ね合いで考えましょう）。

3つ目は、流動性のリスクです。FXにおける流動性とは、通貨の流通量が多いか少ないかであり、流通量が多いほど流動性が高くなります。ドルやユーロや円は、流通量がとても多い通貨の代表例になります。流通量が多いと、自分がしたいと思ったタイミングで売買が成立しやすくなります。

これが南アフリカランドやトルコリラなどだと、そもそも市場に出回っている通貨の流通量が少ないため、売りたくても売れないという状況が発生し、損失が発生した場合に損失が想定以上に膨らむ怖れがあります。

流動性のリスクは、ドルやユーロや円など、流動性が高い通貨で取引することで解消することができます。

4つ目は、金利変動のリスクです。ここで言う金利は、政策金利のことです。政策金利とは、各国の中央銀行がその国の金融市場を調整するために決定する金利で、公定歩合とも言います。日本銀行が政策金利を高くしたり安くしたりすることで、景気調整に乗り出すのと同じイメージです。

金利が高い国にお金を置いておくと利息も高くなるため、その国の通貨を買う企業や投資家が一般的には増えます。金利が高い国にお金が集まる傾向があるということです。したがってある国が金利調整をした結果、相場が変化することがあるわけです。それが予期せぬタイミングだったら相場が荒れることもあります。荒れた相場に巻き込まれると得をすることもありますが、大損することもあります。どちらにしても自分ではコントロール不能なので巻き込まれないように注意しなければなりません。

金利変動のリスクは、日銀をはじめ各国の政策金利の情報を収集し、上がるのか下がるのかを把握し、上がると考えられる通貨は買われる傾向があり、下がると売られる傾向があることを頭に入れておけば管理できます。

5つ目のリスクは、為替変動のリスクです。 為替変動リスクというのはいわゆる逆方向に価格が動いたときに損失を出してしまうリスクです。このリスクは、FX投資をする上では必ずつきまとうリスクです。自分が買い注文をしているときに、価格が下がってしまえば損失が出てしまいます。為替市場は平日では24時間動いているので、ポジションを持っているときに仕事や睡眠で目を離していると、大きく逆方向に動くことがあり、大きな損失を出してしまうので注意が必要です。

為替変動のリスクは、100%毎回利益が出せる方法というのは投資において存在しない以上、リスク管理や資金管理をしっかり行うことで大損しないことです。これについては本文でも何度も書きました。

為替が変動することはたしかにリスクですが、変動があるからこそ利益も生まれ、私たちは時間や場所の自由を得ることができるのです。

6つ目は、レバレッジのリスクです。 海外では400倍以上というケースもありますが、日本であっても最大25倍までレバレッジをかけた取引ができますので、少額の資金であっても大きな利益を得ることが可能です。しかしその分損失をする金額も大きくなります。

FXの場合は、投資用資金をFX会社に証拠金として預けて、その証拠金を担保に取引をします。大きな損失を出してしまうと、預けた証拠金以上に損失をしてしまうことも往々にしてあります。

レバレッジのリスクは、証拠金に対して大きすぎるポジションを取らなければ、万が一のことが起こっても耐えられる損失で収まる確率が高まります。つまり証拠金に対して大きすぎるポジションを持たないように注意することです。

7つ目は、ロスカットのリスクです。ロスカットというのは、含み損が出たときに損失がそれ以上大きくならないように決済をしてしまうことです。ですが、ロスカットが機能しない場合もあるのです。たとえば、逆指値《ぎゃくさしね》注文でロスカット設定をしていた場合においても、相場の急変で売買が成立しなかったり、週またぎで為替レートが乖離すると、逆指値注文を受ける相手がいなかったりするためです。ロスカットできなければ、想定以上の損失を抱えることになります。

ロスカットのリスクの管理方法は、レバレッジのリスクと同じです。

８つ目は、強制決済のリスクです。ＦＸの場合は証拠金維持率という指標があり、それを下回ると強制決済されます。証拠金維持率とは、自分が預け入れた証拠金に対して、自分が持っているポジションは十分余裕があるのかどうかを示す数値で、ＦＸ会社の管理画面やアプリから確認できます。計算式はＦＸ会社のホームページ等に記載されていますので、しっかりと確認しておいてください。

強制決済のリスクの管理方法は、レバレッジのリスクと同じです。

９つ目は、スリッページのリスクです。自分が注文したい価格と実際に約定《やくじょう》した価格にずれが生じることがあり、これをスリッページと言います。相場が急変したときなどはスリッページが大きくなり、自分が注文したかった金額とは乖離した金額で約定される場合があります。その際に損をすることもあるわけです。

スリッページは、ＦＸ会社によってさまざまに設定されていますが、中にはスリッページ幅を設定できるＦＸ会社もありますので、ＦＸ会社選びがリスク管理の鍵となります。

4-2

資金管理を徹底しよう

この項目の3つのポイント

1 投資は資金管理とリスク管理が大切。
2 投資対象の値動きに合わせた適切な資金管理を。
3 何事も起こる時代の適切なリスク管理を。

投資において、「負けない」ことは最重要課題です。そして負けないために最も大切なことは資金管理です。ほとんどの投資家は、投資手法や銘柄選定などに強い関心がありますが、資金管理などにはほとんど関心がありません。しかし資金管理がうまくできないと、投資で安定して利益を上げることはできません。

資金管理とは、自身の投資資金全体の中から、今回の投資にバランス良く資金を当てることです。ポジション管理とも言います。たとえば全部で100万円の投資資金があり、その中から30万円で株を買ったときには、「30%のポジションを持っている」と表現します。

投資1年目の投資家が利益を上げようと思ったら、予想などをせず、価格の流れ（波動）に素直について行ったほうが良いと思います。ただし1つ注意が必要です。それはしっかりと資金管理をするということです。

投資で儲けたい人は、いつ買えばいいのか、いつ売ればいいのか、何を買えばいいのか、今後は上昇するのか下降するのか、など価格の方向性について関心があります。**しかし資金管理を無視して投資を続けると、「価格の方向性は当たっているのに負けた」ということが起こります。** 上昇トレンドも下降トレンドも、上げ波動、下げ波動を繰り返しながら上昇または下降します。そして、その途中過程では一時的な含み損を抱えることが起こります。ところが、資金管理を間違えると、その「一時的な損失」が命取りになることがあるのです。

たとえば銀行から証券会社に100万円の資金を移し、その100万円を目一杯使ってFXでドル/円を買った（ドルを円で買った）とします。ドルの上昇トレンドが発生すれば利益は出るのですが、一時的に下がって、それから価格が上昇をするような場合には、値幅によっては強制ロスカットになることがあります。そうなると、その後やってくる上昇トレンドでポジションを持つことができなくなってしまうこともあるわけです。

一方、投資用資金に対してあまりにも少額な投資をした場合には、一時的な下げがあろうとも強制ロスカットされることなどはまずあり得ませんが、結局数百円しか利益が取れないことになります。100万円の投資資金を移したのに数百円しか儲からなければ、「損はしていないけれども、利益が取れるチャンスをしっかり取れていない」という意味で失敗です。

勝率7割の売買手法を持っているプロトレーダーであっても、相場次第では2連敗、3連敗することはよくあります。場合によっては4連敗、5連敗をすることもあるでしょう。そのぐらいの連敗があっても、100回、200回とトレード数を重ねていけば、トータルでは7割勝てるはずなのですが、**資金管理を疎かにしていると、取り返す前に資金が尽きてしまうこともあるのです。**

有名な資金管理のルールとして、投資用資金の最大2%を損切りラインに設定するという考え方があります。資金100万円でトレードをした場合、100万円の2%である2万円を損切り幅の最大額に設定するわけです。1回目のトレードで5万円の利益が出たとしたら、その次のトレードでは105万円に対する2％である、2万1、000円を損切りの最大値として設定することになります。逆に1回目のトレードで2万円負けたら、そこで損切りし、次の損切りラインは98万円の2％である19、600円になります。

優位性のあるエッジのある売買をしつつ、資金管理を徹底して行えば、大損や塩漬けなどを堅実に防ぐことができます。

株でもFXでも日経225先物でも、値動きがある投資対象であればすべて同じ考え方ができるのですが、「その投資対象（銘柄）が平均的にどれほどの値動きがあるのか」ということから大まかなリスクを想定し、投資資金を決定していく方法もあります。

株式投資の場合、日本では投資できる銘柄が3、000以上もあります。これだけあると値動きが激しい銘柄と値動きが穏やかな銘柄ではかなり値幅に差があります。また1つの銘柄でも1年を通して観察すると、値動きが激しい時期と、値動きが穏やかな時期というものがあります。

たとえば50万円である銘柄を買おうとするにも、値動きが激しい時期に投じる50万円と値動きが穏やかなときに投じる50万円ではリスクはまったく異なります。このときに参考になるのがATRというテクニカル指標です。

ある銘柄の1年

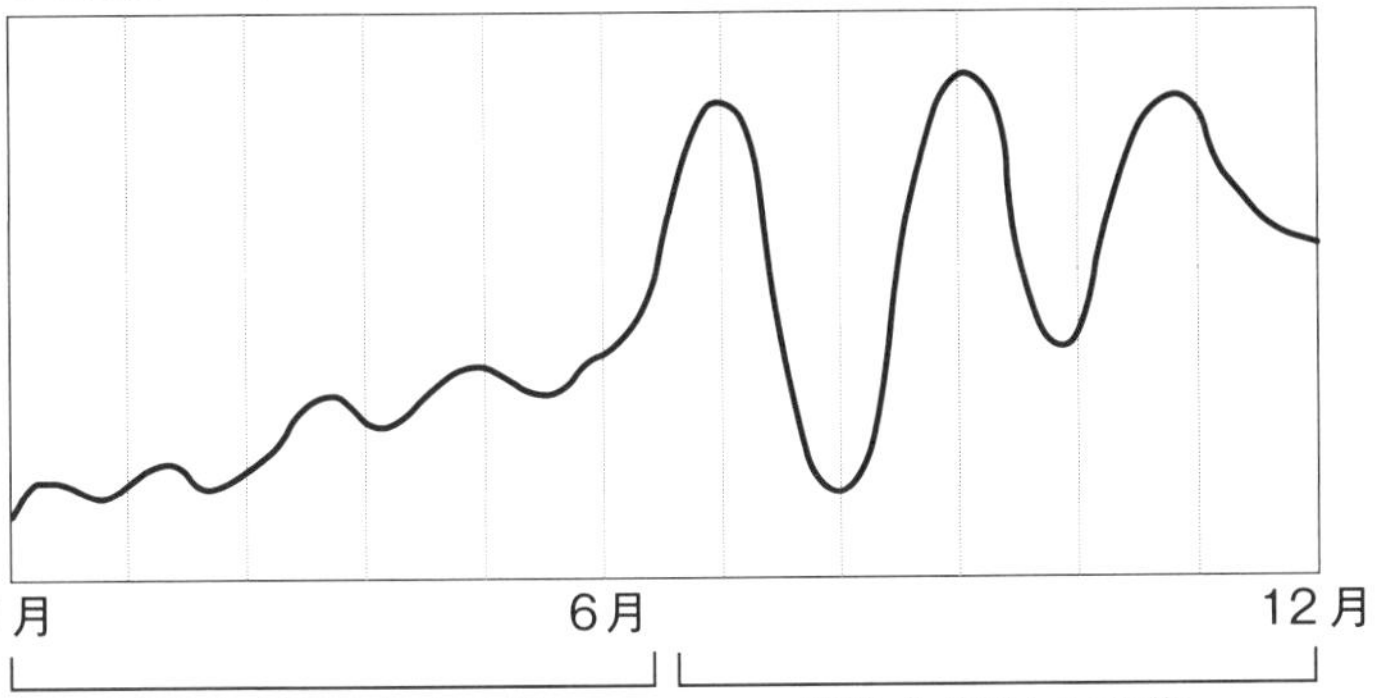

50万円の投資も、時期によってリスクは異なる

ATRとは、指定した期間の値動きの平均を示す指標です。ATRが高いということは、それだけボラティリティ（値幅）があるということなので、損失リスクも大きくなるということになります。

4-3

メンタルをコントロールしよう

この項目の3つのポイント

1 欲と感情をコントロールする必要性を理解する。
2 損失が拡大するのも、利益が少ないのもメンタル。
3 欲と感情に負けない売買ルールを作ろう。

自分がいいと思っている銘柄があって、その銘柄について今後上がるかどうか、ある投資スクールの講師に意見を求めた投資家がいました。講師は、「その銘柄は上がるでしょう」と答えました。自分も上がると思っていた上に、プロである講師までが上がると答えたということで、その投資家は「確実にその銘柄は上がる」と確信しました。しかしその後、日本株全体が、予想に反して下がり始めてしまいました。

質問した投資家は資金管理やリスク管理について勉強をしており、大損をすることこそ投資において最も避けなければならないことだとわかっていました。しかし講師が上がると言ってくれたことで、それまでの損を一気に取り返したい欲が生じてしまい、自己ルールを破って損切りをせずに持ち続け、結果として投資家人生で最大の損失を被ってしまったのでした。

投資をする上で安定して利益を上げられる「勝ち組投資家」になるには、自分の欲や感情、メンタルの弱さとしっかり向き合い、それらに負けないように自己をしっかりコントロールしなければなりません。

何度も言ってきたように、未来永劫《えいごう》にわたって百戦百勝し続けられる投資法は存在しません。市場を動かすような大きな資金を持った機関投資家は、大きなコストを払って一般の投資家が分析できないレベルで相場を分析し、その結果に基づいて投資をしています。常に新しい方法を試してくるということであり、これは相場における不確定要素となります。したがって過去に利益が上がっていた方法が、確実に利益が上がる方法かはわかりません。機関投資家の分析も必ずしも100%当たるわけではありません。したがってすべての投資家は必ず勝ったり負けたりを繰り返すことになります。誰もが必ず損を経験するということであり、これはかなり重要なポイントなのです。

人間は、すでに持っているものを失うつらさのほうが、持っていなかったものを手に入れた喜びよりも大きいと言われています。**つまり失うことをとても恐れますし、失ったときは何とか取り戻したいと強く願います。だからこそ、投資で損が出たら、適切に損切り（ロスカット）をして、次の投資チャンスに投じる資金を残すべきだとわかっていても、損切りをすることで損失が確定してしまうのが怖くて、それができない投資家がとても多いわけです。**

ＦＸや先物取引、信用取引など、レバレッジがかけられるものについては証券会社やＦＸ会社から強制的にロスカットなどをされる場合もあります。しかし日本株や米国株など「現物株」と呼ばれるものは、会社が倒産でもしない限り、強制ロスカットや借金になることはありません。ですので日本株に投資している人の中には「塩漬け」と言って、含み損が出ている状態の個別株を、いつかまた株価が戻ると信じて保有し続けている投資家もたくさんいます。

一時的に含み損になってしまった銘柄であっても、そのまま保有していることで含み損がなくなって、含み益に転じることもたしかにあります。ですが、この「成功体験」

に囚われて、損失が拡大してしまって取り返しがつかないところまで保有し続けて、結局大損する投資家も多いわけです。これは投資家として大失敗です。

一方、本来なら大きく利益が取れる局面で小さな利益しか取れなかったとしたら、これも投資家として大きな失敗です。たとえば、100万円の投資金で、年間で数万円しか稼げないとすれば、失敗になります。100万円なら最低でも10万円は稼ぎたいところです。

稼げるときに稼げないという失敗にもまた2とおりあります。

1つ目は投資資金の割に小額すぎる投資をしてしまうことです。リスクをしっかり取っていないという失敗であり、投資では適切なリスクを取ることが大事です。

投資対象の平均的な値動きにもよりますが、具体的には100万円の資金があるにもかかわらず、1回の取引が数千円程度である場合には、投じる資金が少なすぎるので、適切な利益は得られません。これは初心者と過去に大損したことがある投資家にありがちな傾向です。

2つ目はトレンドが読み切れず、中途半端なところで利益を確定してしまい、トレンド終了までしっかり持っていれば取れた利益を取りきれないという失敗です。これは含み益が出ている状態で保有をしていたら含み損になってしまった経験があり、今度は損をしたくないと思ってしまった投資家によくあります。

損切りができないのも、投資資金を少額しか使えないのも、利益を取りきれないのも、すべて恐怖や欲といった弱いメンタルに負けた結果です。臆病なぐらい慎重なのはかまいませんが、弱いメンタルをコントロールすることが重要なのです。

欲と感情をコントロールすることは簡単なことではありません。だからこそ、売買ルールを作り、その売買ルールによって取引記録をつけて自分の売買を検証して、自信を持ってルールを守れるようにしていかないといけません。欲と感情で売買するのではなくて、ビジネスとしてトレードに取り組む必要がここにあります。

4-4 損切りは、ルールを守り淡々と実行しよう

この項目の3つのポイント

1 損失が好きな人はいないが、損切りは機械的に行うべし。
2 塩漬け投資家の悲しい末路。
3 トータル勝負で勝つためには、損切りは必要経費。

損することを好きな人はいません。しかし投資においては、ときに損をすることが必要な場合もあります。大切なことは、損をしないように頑張ることではなくて、勝ち負けを繰り返しながらトータル勝負で利益を上げるということです。その途中で、損失を出してしまうことは必ずあると覚えておかなければなりません。

これから価格が上がると思って買い注文をしたにもかかわらず実際には価格が下がってしまって損失が出てしまうことはよくあります。その際に、損失が拡大しないように

売り決済をして損失を確定させてしまうのが、損切り（ロスカット）です。

損切りを的確に行わないと、損失が拡大してしまう怖れがあります。損失が拡大すると投資用資金が大きく減ってしまうことになり、その次の取引に支障をきたします。

儲けの金額は、投資用資金の大きさによって左右されます。10万円しか資金がない投資家と1、000万円資金がある投資家では、同じタイミングで買い注文をして、同じタイミングで売り注文をしても、儲けの桁が大きく変わります。

投資用資金が1億円あれば年利10％で1、000万円の利益を得ることができますが、投資用資金が10万円だと同じ年利で1年後に11万円になるだけです。どちらも年利10％ではあるのですが、投資用資金の額によって生み出される金額が変わります。したがって損をしたために早く取り返すためにも、大損は絶対にしてはいけないことになります。

個別株の取引で大きな含み損を抱えてしまい、損失が確定する恐怖から決済ができない投資家がいます。こういう株を「塩漬け銘柄」と言います。株式投資の場合は銘柄の企業が倒産でもしない限り株価はゼロにはなりません。また長期的に保有をすることによって一時的に下がった株価が復活することもあります。しかし株を塩漬けにする投資家は安定利益を得られるようには絶対になりません。

塩漬け銘柄を持っている株式投資家の最大の失敗は、その分の投資用資金を使えない状態にしてしまっていることです。たとえば、A社、B社、C社の3社の株を買い、A社とB社では利益が、C社では損失が出ているとします。

このような場合に、多くの日本人投資家は利益が出ているA社とB社の株を売却して利益を確定させ、損失が出ているC社の株を塩漬けにしがちです。持ち続けていればいつか含み損が解消されると期待するからです。

この投資家はC社株を持ち続けながら、新たにD社、E社、F社の株を買いました。今度はD社では利益が出て、E社、F社では損失が出てしまいました。塩漬け銘柄を持つ習性があるこの投資家は、今度はD社の株を売って利益を確定し、E社とF社の株を塩漬けします。よって手元には、含み損が出ているC社、E社、F社の3社の株が残ることになります。

この投資家は最初は3社の株を買えるだけの投資用資金を用意していたのですが、今となっては、塩漬け銘柄を3社分持っている状態になり、その分投資用資金が少なくなり、成長性がある会社の株を買うための十分な投資用資金がなくなってしまいました。これは投資家として失敗です。

安定して利益を出していくためには、常に優位性がある局面に資金を投じ続けなければなりません。株も為替もそうですが上がるときもあれば下がるときもあります。買い注文をするのであれば上がる方向に優位性があるときにポジションを持ち、流れが変わって下がる方向に優位性が出たときにはポジションを手放さなければなりません。

優位性がある局面で注文をするように心がけても、10回中9回が思惑どおりに進むこともあれば、10回中5回が思惑どおりに進まないこともあります。思惑どおりに進まなければ含み損が発生しますが、思惑と違うことがわかった瞬間にロスカットをすれば次の取引に新たな気持ちで臨むことができます。

1回1回の取引ではこのように勝ったり負けたりしますが、利益が出たときには大きくその利益を伸ばし、損失が出たときには最小限に食い止めることで、トータル勝負では大きな利益が得られるようになるのです。その過程で大損や塩漬けがあると、投資用資金が十分でなくなり、なかなか負けを取り戻せません。その結果トータル勝負で勝つことができなくなってしまいます。**決めたルールに従って、機械的に（感情を持たずに）ロスカットするよう心がけましょう。**

4-5

投資には相手がいることを知っておこう

この項目の3つのポイント

1 チャートの裏には人がいる。相場は人間心理で動く。
2 相場の裏にいる人間心理を察しよう。
3 チャート分析で人間心理に負けないルールを作ろう。

現在のトレード（取引）では、パソコンやスマートフォンの画面を通じて売買ができるようになっています。投資をする人は、パソコンやスマートフォンの画面の向こうにあるチャートを相手にして取引をしているように錯覚しがちですが、実際はそうではありません。

あなたのパソコンやスマートフォンの画面の向こう側には人間がいて、あなたと同じようにこれから上がるのか下がるのか不安に思い、値動きに一喜一憂しているのです。

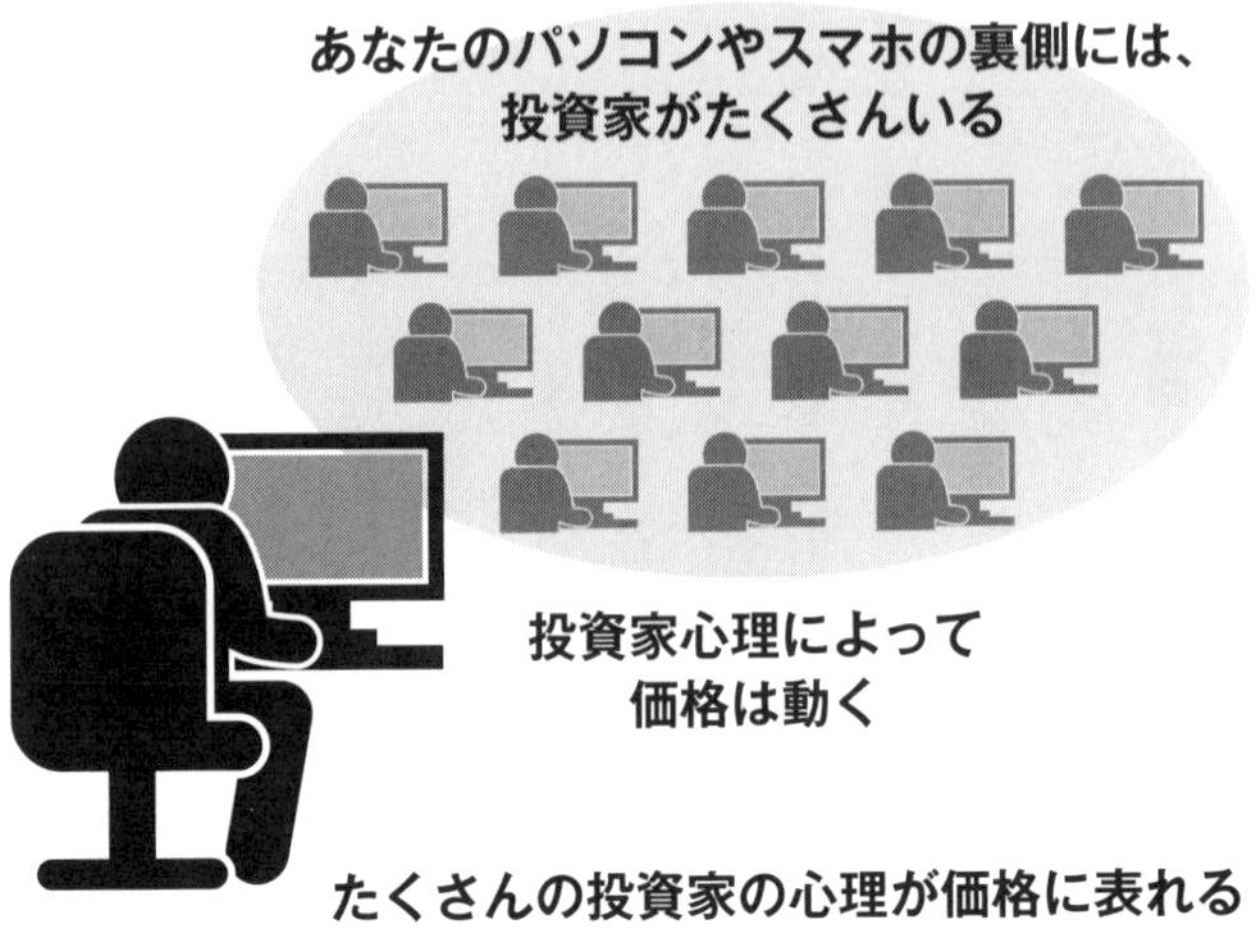
あなたのパソコンやスマホの裏側には、
投資家がたくさんいる
投資家心理によって
価格は動く
たくさんの投資家の心理が価格に表れる

相場というものは、チャートや数字だけで語りきれるものではありません。もっと奥が深いものです。なぜならなかなか読むことのできない人間の心理がそこに存在しているからです。

チャートの向こう側にいる人々のことを思い浮かべながら売買をすることは、とても大切なことなのです。

相場に向かっているときの個人の心理を理解しておかなくてはなりません。それを知ることによって自分自身のトレード能力の向上にもつながるのです。

まず人間は利益が出ているときには、ローリスク・ローリターンを求めがちになります。大して儲からない状況であっても、放っておけば損をする可能性があれば、とにかく利益を確定してしまいたいという心理に陥ります。

またとっさの判断が必要なとき、人は感情で動きがちです。相場における代表的な感情とは、欲と恐怖です。欲と恐怖に駆られると自分に課したはずのトレードルールを守れなくなることがあります。

たとえば100円で買ったドルが110円になったとき、今度はそれが105円に下がったら、まだ、5円の利益が出ているにもかかわらず、投資家は5円損したと考えてしまうものです。**まだポジションを保有している状態で、一度出た含み益が減少し始めてしまうと恐怖に駆られて慌てて売り決済をしてしまうのです。**

とにかく多くの投資家は利益を伸ばさないといけないとわかっているにもかかわらず、早めに利益を確定したがる傾向にありますし、目に見えて利益が出ているときにも少し値が下がれば損したと思う感情が湧いてきます。

実際に相場を動かしているのは、このような心理なのです。

あなたも相場に向かっていると、常に恐怖と戦っている状態になることでしょう。冷静に判断しようと思っていても、一時的に価格が狙いと逆に動くと慌てて決済をしてしまったり、暴落に巻き込まれていることに気づいても現実が受け入れられなくて損切りできなかったり、これから反発するかもと期待してポジションを持ち続けてみたり……こういったことは本当によくあります。

人は人に後れをとることに怖れを感じるものです。

震災など大災害の後にコンビニやスーパーで飲食物やトイレットペーパーなどが買いだめされて、品薄になることがあります。これも人に後れをとることに対する恐怖の表れです。

大多数の投資家がわかりやすい上昇トレンドに乗ろうとしますが、多くの人々が買い支えない限りトレンドは継続しません。一般の投資家が飛びつくころには、トレンドが生じたときにしっかりと仕込んだ人たちにとっては絶好の売り時であるわけです。

そうなると、そこから先は下降トレンドに転じることになります。つまり時間をかけて株価が大きく上がり、チャートを見てもトレンドがわかりやすく見えてきたときに、儲け損ねたくない、遅れたくないという気持ちになって飛び乗ろうとする投資家は損をするということです。

残念ながら、多くの投資家はこのような投資をして負け組になることが多いのです。このような投資をしていては絶対にいけません。

そうならないためには、チャート分析を中心に据えて投資をする必要があります。チャートには投資家たちの行動と心理状態が表れるからです。

パソコンやスマートフォンでチャートを見るときには、常に上から下を俯瞰《ふかん》している目線で、「負け組」になる投資をする人たちを眺める余裕を持ち、**自分のトレードでさえも第三者の目で見られるぐらいの冷静さが必要です。**

4-6

取引画面の見方と注文方法を理解しておこう

この項目の3つのポイント

1 自分の証券会社の取引画面の見方を知ろう。
2 色々な注文方法があることを事前に知ろう。
3 不明点は、証券会社のコールセンターに聞こう。

当たり前ですが、これから株式投資を始めたいのであれば証券会社に、FXをやりたいのであればFX会社に口座を開設しなくてはなりません。銀行口座を新しく開設するときのように、身分証明書やマイナンバーカードの情報を登録し、口座開設の申請をしましょう。

証券会社やFX会社は、ネットで検索すればたくさん存在します。口座開設する会社を選ぶポイントは基本的に3つです。

1つ目は取引手数料です。 特に短期売買を多くしたい方は、取引回数が多くなりますから、手数料の差がトータルすれば大きなコストとなります。要注意です。

2つ目はツールです。 初心者用からプロ級のツールまで各社が独自の情報ツールや取引ツールを用意しています。自分に合ったツールを選ぶことも大切なポイントです。

3つ目は、取扱商品の豊富さです。 国内の上場会社の株だけではなく、外国株や投資信託、FXなどを取り扱う会社もあるので、自分の資産形成にさまざまな金融商品でポートフォリオを組みたい場合には、取扱商品が多い会社のほうが管理面で楽です。

口座を開くだけでしたら通常は無料なので、3つぐらいの証券会社の口座を開設して、実際に取引ツールの使い勝手を試してみたり、コールセンターの電話サポートの質を調べたりして、どの会社が一番自分に合っているかを比較検討して決めるという方法が良いでしょう。

株やFXなどの投資を始めるには、インターネットでネット証券および証券口座開設の申し込み画面へ進んでいきます。必要事項を記載し申し込みをすると、口座開設の申込書が届きます。マイナンバーなどの個人情報と一緒に申込書を返送すると、口座開設完了の通知書が届きますので、通知書に記載されている口座番号やユーザーID、パスワードなどを使って、自分のページにログインします。ログインができたら、自分の銀行口座から投資用資金を入金したり、証券会社に入金された自分の投資用資金を使って株やFXの売買をしたりしていくという流れになります。

ログインをすると、たくさんの情報があって最初は戸惑うこともあるでしょう。そういうときは証券会社のコールセンターに電話をして聞けば早く解決します。遠慮は要りません。

売買の注文を出す取引画面は証券会社ごとに異なりますが、基本的な入力事項や注意すべき点は同じです。株であれば、銘柄名や商品コードはサイトのどこに書いてあるのか、どうやって銘柄を探すのか。そしてその銘柄の値動きを記したチャートはどこで表示させることができるのか。そのチャートに移動平均線などのインジケーターをどうやって表示させるのか。このようなことを1つひとつ明確にし、覚えていきましょう。

次に注文の出し方です。注文の出し方は複数あります。**基本となるのは指値注文と成行注文の2つです。指値注文とは、株であれば、売買する株数と価格を指定して注文す**

る方法です。注文した価格がそれよりも有利な価格でないと注文は成立しません。**注文が成立することを約定と言いますが、指値注文の場合は自分が注文した価格にならなければ約定をしないことがあります。一方、成行注文は、株数のみを指定して価格は指定しない注文方法です。買い注文であれば、そのときに出ている最も低い価格の売り注文に対応して注文が成立します。売り注文であれば、最も価格が高い買い注文に対応して注文が成立します。**たとえば現時点での株価が300円、最も安い売り注文が301円、最も高い買い注文が299円のときに、成行の買い注文を出すと301円、成行の売り注文を出すと299円で売れるということです。

つまり約定ができるにはできても、自分が注文したい金額にぴったりの価格で約定するとは限らず、相場の状況や証券会社のシステムの都合で若干の誤差がある価格で約定されることもあります。また相場が暴落、暴走したときなどは思いもよらない価格で約定してしまうこともあります。つまり投資家にとって不利な価格で約定するということも起こり得るのです。

指値注文なら、今よりも安い価格になったら買う、今よりも高い価格になったら売るということができる注文方法です。前述した高値・安値の重要さや、恐怖と欲によって動かされる人間心理などを考慮した上で、「この金額まで下がったら買いたい」とか「この金額になったら売りたい」と決めて、あらかじめ指値で注文をしておけば自動的に決済がされるというメリットがあります。上昇トレンドで利益を上げたい投資家であれば、上昇トレンドが始まるときにエントリーしそびれて価格がスルスルと上がった後に、さらに上昇トレンドが続くと見たら、一時的に価格が下がり押し目となるような金額に指値注文をしておくということをします。

一方で上昇トレンドの発生時に利益を上げたい場合や、前回の注目すべき高値を超えたあたりでエントリーしたい場合には、今よりも高い価格になったら買うということが必要になりますが、これは逆指値注文という注文方法で行うことができます。

逆指値注文は、今よりも高い価格になったら買う、今よりも低い価格になったら売る、という注文方法です。 これからさらに上昇していくという優位性があるサインが出たときにもエントリーの1つの戦略として使えますし、すでに銘柄や通貨を保有しているときの利益確定や損切りで活用することもできます。

たとえば上昇トレンドだと思ってポジションを持っているにもかかわらず思惑が外れて、価格が下がる場合があります。このときには含み損を抱えているわけですが、今よ

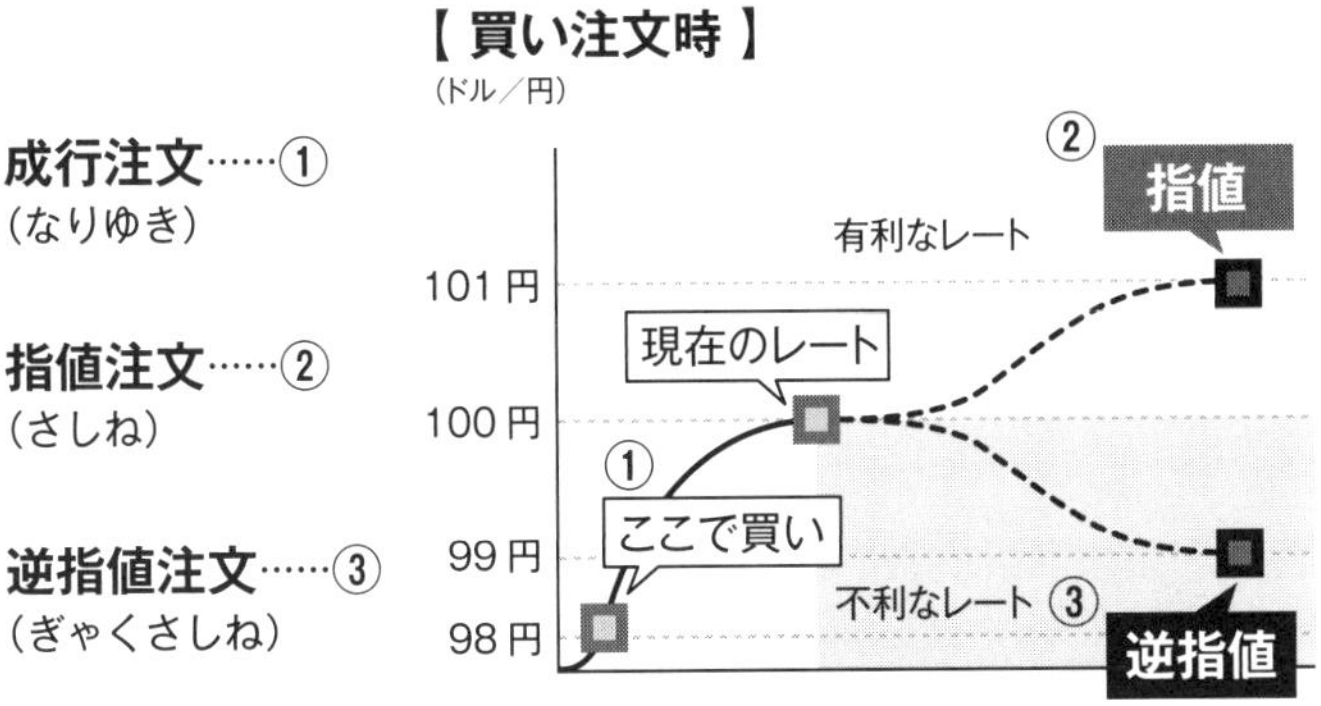

証券会社のどのボタンを押すと実行できるのか
事前に把握しておくことがとても大切

りも価格が下がったときに売り決済をするために逆指値注文を使うこともできます。

取引画面と注文方法については、初心者の方は自分のパソコンを開きながら、証券会社のコールセンターに電話をして、どのボタンを押すとどんな注文ができるのかを1つひとつ確認しながら理解していくことをお勧めします。

注文方法を正しく把握しておかないと本来は損切りすべきところで損切りが遅れるなど期せずして大きな損失を抱えてしまう怖れがあります。必ず実際の売買を始める前に理解しておきましょう。

4-7

自分だけの取引ルールを作ろう

この項目の3つのポイント

1 売買ルールは安定利益のためにとても大切。
2 最初はプロの取引ルールを真似しよう。
3 最後は自分だけの取引ルールを作り上げよう。

株式投資やFXなどで利益を上げようとしても、初心者投資家はいつ買えばいいのか、いつ売ればいいのか、どうすれば利益が得られるのかということがわかりません。学校で習わなかったので、本やセミナーやインターネットの情報などを通して、実績があるプロから、どのような運用をすれば成功できるのかを学ぼうとします。

インターネット上で情報を発信している専門家の中には、自分が利益を上げ続けている売買ルールを公開し、自分と同じようなポイントで注文をし、自分と同じようなポイントで決済するように指導をするスクールなどを運営しているケースがあります。またそのようなプロのトレードスタイルを組み込んだ自動売買システムやＡＩシステムなどを販売している業者もいます。

大切なお金のことであるにもかかわらず、自分に知識がないのでついつい実績がある専門家の話を鵜呑みにしてしまいがちになります。しかし投資というのはすべて自己責任なので、しっかりと学び自分だけの取引ルールを作り上げていかなくてはなりません。このような心構えを持つことがとても大切です。

トレードルールという言葉があります。投資をする上での決めごとをルール化したものので、安定した利益を上げるためにはとても大切な約束事になります。**投資をする上で最も大切なことは、安定した利益を継続して手に入れていくことです。**一攫千金のホームランを狙うような投資は、実際には一度に財産を失ってしまうような投資につながる可能性が高いものです。

最も大切なことはトレードをするにあたってのルールをしっかりと守り、継続して利益を上げていくことではありますが、**継続して利益を上げるという点においては自分だけのトレードルールを作るという姿勢が必要となります。**

トレードの手法というのは数え切れないほどあります。したがってトレードルールも数え切れないほど作ることができます。確実に勝てるトレードルールが存在し、そのトレードルールを実践すれば確実に利益が上がるという幻想を持っている人もいます。しかし他人が作ったトレードルールがそのまま自分にも当てはまり、しかもそれを縦横無尽に使いこなせて、その結果利益がうなぎのぼりに増えるようになることはまずあり得ません。

トレードルールというのは自分の目標利益や投資用資金、自分の性格や日常的に使える時間、使える時間帯など、自分だけの条件を加味して自分流に作っていくものです。仮に実績が上がっている投資家のトレードルールを教えてもらったとしても、その方法はその投資家だからこそ利益が上がる方法であって、自分に合うかどうかはまったく別の話です。

損切りや利食いの基準も違いますし、タイミングも人それぞれです。またメンタルの強さや性格も違います。勝率重視の人もいれば、勝率1割でも稼いでいる人もいます。勝率が低いと気持ちがもたない人もいれば、逆に闘志が湧く人もいます。リスク許容レベルも違います。

トレードスタイルはさまざまな要素の組み合わせであり、当然ですが人それぞれでトレードスタイルが違います。同じスタイルの人はいません。

いわゆるスイングトレード（2、3日～数週間の期間で売買を完結させるトレード）に慣れている人もいればデイトレード（1日のうちに何回も完結させるトレード）に慣れている人もいて、慣れているロスカットレベルも違います。

たとえば、自分が買いポジションを持っているときに移動平均線が右肩上がりになっているとします。ある人のトレードルールは、移動平均線が右肩上がりのときにポジションを持っているのであれば持ち続けていいとしています。しかしあなたは、そのトレードルールを信じ続けられるでしょうか。

実際に移動平均線が右上がりでも、価格が急落してその後に移動平均線が右肩上がりから右肩下がりになることはいくらでもありますから、移動平均線が右肩上がりであってもときと場合によっては、決済をして利益を確定してしまったほうがいいこともあります。どんなトレードルールでも他人が作ったものであれば、ルール外の出来事が生じたときには自分の判断で取引をしないといけなくなります。**しかし、これが「ときと場**

合に」よる、つまりルールなしの感情任せのトレードをしてしまうと、結果として安定利益を出すことは難しくなります。だから自分で信じ続けられるトレードルールを自分で作らなければならないのです。

トレードルールはとても大切なものです。勝率の高いトレードルールを作り、そのトレードルールに磨きをかけ続け、そのルールの理屈までしっかりと理解し、そのルールを心から信用して守り続けることができれば、結果として安定した利益を実現することができるようになります。

１００％勝てるやり方を探すのではなく、勝率の高い投資家の売買手法を参考にし、参考にした売買ルールを自分自身で実践をしながら試行錯誤して、**自分だけのトレードルールを作り上げて、それを信じ抜くという姿勢が大切なのです。**

4-8 取引記録を付けよう

この項目の3つのポイント

1 取引記録は面倒でも付けるようにすべき理由。
2 取引記録に記すべき具体的な項目例とは。
3 取引記録で自分のトレードをデータ分析する方法。

堅実に利益を上げる投資をするには、「トレード」という方法がオススメだということはすでにお伝えさせていただきました。そして、トレードという方法を行うにあたっては、注文するか、注文しないかの判断基準として「トレードエッジ」があるのか、ないのか、ということが用いられるということもお伝えしました。

とはいえ、いくら優位性があるときに注文をすることを心がけても、「その手法」があなたにとって向いているのか、要するに、利益が上がる手法なのかどうかということを、しっかりと把握しておくことが必要になります。**そして、これを正しく把握する上で必**

FX取引記録シート　記入例

平均収益	80,020	リスクリワード	21.06
平均損失	−3,800	収益合計	400,100
		損失合計	−11,400
		総利益	388,700

注文理由と決裁理由は明確に！

保有時間(分)	獲得pips	損益	勝敗	注文理由	決済理由
470	71.2	71,200	1	前回の安値・逆指値注文	3段下げの終わり(成行)
520	147.8	147,800	1	1/12深夜の高値と節目で逆指値	3段上げの終わり(成行)
100	−9.5	−9,500	0	前回の安値(成行)	損切り(成行)
480	80	80,000	1	17日10:20の安値価格に逆指値	2段上げ終わり(成行)
195	−1.7	−1,700	0	18日9:05の高値に逆指値	2段下げ終わり(成行)
150	0.9	900	1	18日11時半過ぎの高値に逆指値	2段下げ終わり(成行)
235	−0.2	−200	0	18日、17時、18時の高値に逆指値	2段下げ終わり(成行)
460	100.2	100,200	1	18時22時半の高値に逆指値	2段下げ終わり(成行)

買い・売りの平均利益

◎買いの平均収益	247,000
◎売りの平均収益	141,700

自分は買いエントリーのほうが得意なんだ

気づき！

保有時間別の利益

30分以内	0
30分〜3時間	−8,600
3時間〜6時間	−1,900
6時間〜12時間	399,200
12時間〜24時間	0
24時間〜48時間	0
48時間〜72時間	0
72時間〜96時間	0
96時間〜	0
Total	388,700

要になるのが「自分だけの取引記録」になります。

取引を記録する際、「いくら儲かった」「いくら損をした」「何の銘柄を買った」などはもちろん大切なのですが、これだけでは自分の取引を分析し、「その方針でやっていけば、今後も利益につながるような優位性があるトレード」ができているのかということを把握することができません。

氏名（ハンドルネーム可）	-
投資用資金	1,000,000
10セットの利回り	38.87%

いつ買ったか、いつ売ったかを明確に！

勝ち回数	5
勝率	50%
負け回数	3
負け率	30%

				注文時				決済時			
回数	通貨ペア	買/売	ロット	日付	曜日	注文時間	注文価格	日付	曜日	決済時間	決済価格
1	ドル円	−1	100,000	2017.1.12	木	11:10	114.850	2017.1.12	木	19:00	114.138
2	ドル円	1	100,000	2017.1.13	金	4:35	113.500	2017.1.13	金	13:15	114.978
3	ドル円	−1	100,000	2017.1.16	月	8:05	114.304	2017.1.16	月	9:45	114.399
4	ドル円	−1	100,000	2017.1.17	火	11:30	114.05	2017.1.17	火	19:30	113.25
5	ドル円	1	100,000	2017.1.18	水	10:30	112.99	2017.1.18	水	13:45	112.973
6	ドル円	1	100,000	2017.1.18	水	14:45	113.13	2017.1.18	水	17:15	113.139
7	ドル円	1	100,000	2017.1.18	水	19:20	113.35	2017.1.18	水	23:15	113.348
8	ドル円	1	100,000	2017.1.19	木	3:40	113.635	2017.1.19	木	11:20	114.637
9											
10											

◎収益と回数

1回目	71,200
2回目	219,000
3回目	209,500
4回目	287,800
5回目	287,800
6回目	288,700
7回目	288,500
8回目	388,700
9回目	388,700
10回目	388,700

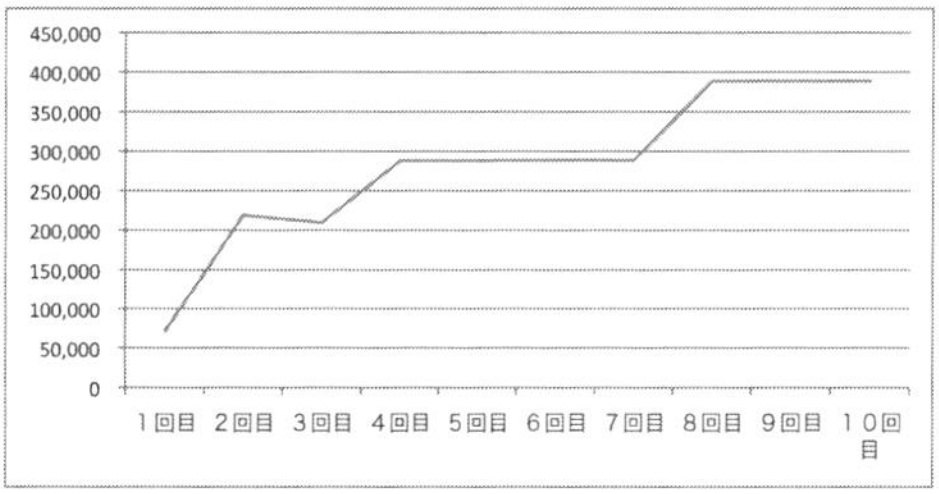

勝ち組投資家になるための「取引記録」には内訳があるので、それを公開します。

まず、自分の投資用資金を決めます。

そして、1回の取引ごとに、

・銘柄名（通貨ペア等）
・買／売
・株数（ロット数）
・注文した日付
・注文した曜日
・注文した時間
・注文した価格

・注文した理由
・決済した日付
・決済した曜日
・決済した時間
・決済した価格
・決済した理由

などを、入力するようにします。

そして、エクセルなどが得意な方は自動計算できるように設定をしていただきたいと思いますが、これらの数字から、下記を導き出すようにします。

・1回ごとの利益や損失
・勝率
（勝ち回数 ÷ 全取引回数）
・負け率

（負け回数 ÷ 全取引回数）

・平均利益

（総利益 ÷ 勝ち回数）

・平均損失

（総損失 ÷ 負け回数）

・リスクリワード比率

（平均利益 ÷ 平均損失）

※リスクリワード比率とは、損小利大を達成するための数値で、1以上だったら損小利大で、1より小さければ損大利小とわかる。

慣れるまでは手間ですが、取引記録を継続して付けていくと、自分のトレードスキルが客観的にわかるようになります。たとえば、上記の項目を記録すると、1取引あたり平均的にいくら儲かっているのかということが、すぐにわかるようになります。

たとえば、1取引あたり平均的に10万円儲かるトレードルールをあなたが持っているという場合には、そのトレードルールを徹底して10回行うことで、100万円程度の利益が期待できるという予測が立ちます。ビジネスのような収益目標を現実的に作ることができるのです。50万円欲しいのであれば、「5回、そのような売買をしよう」となるのです。

さらに深い分析もできます。**これらの項目を継続して記録していくことで、**

- **買いエントリーのときには平均的にいくら儲かっているか**
- **売りエントリーのときには平均的にいくら儲かっているか**
- **何曜日が平均的に儲かっているのか**

などがわかるようになり、弱点となっている場合には、「その取引は控える」ということもできます。たとえば、毎週金曜日の午後に取引すると損をすることが多いということがわかれば、毎週金曜日の午後はリラックスしながらテレビでも見ていたほうがいいということになります。このように、取引記録を継続して付けることには、利益に直接的に関わる大きなメリットがあるのです。

第5章

投資1年目から知っておきたい相場の仕組み5箇条

ここまで投資1年目からトータルで勝つことを目標に、
主にチャートを分析して売買する方法とその際の心構えについて話をしてきました。

ですがそれだけでは、投資とは素晴らしいものだなあと感じない人もいることでしょう。

儲かるだけでなく、さらに人間的な成長を感じられたら、投資はもっと素晴らしいものとなり、
あなたの人生に欠かせないものとなるのではないでしょうか。

そのためにはファンダメンタルズ分析を学ぶことです。

しかしファンダメンタルズ分析はとても奥が深い世界であり、本1冊で解説し切ることは到底できません。

本章ではその入り口でぜひ知っておきたいことだけを厳選して紹介します。

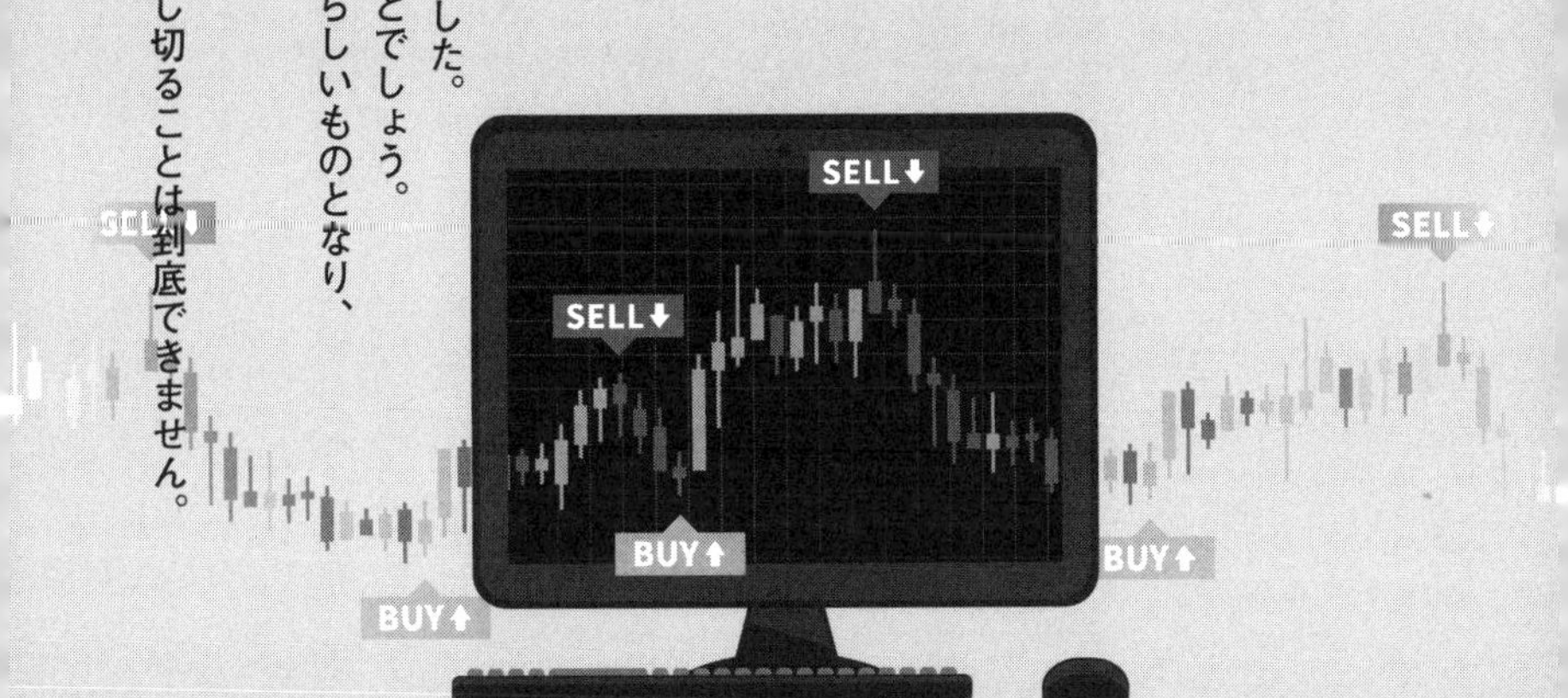

5-1 相場の4つのサイクルを知ろう

この項目の3つのポイント

1 金融相場、逆金融相場を知ろう。
2 業績相場、逆業績相場を知ろう。
3 相場の4つのサイクルを理解しよう。

相場にはサイクルがあり、景気も好況と不況を繰り返します。景気がいいときと、景気が悪いときでは、投資家としてのポジションの取り方にも違いが出るので、このサイクルについては理解しておく必要があります。

一般的に不況となるとモノが売れなくなり、企業の業績は悪化します。そうなるとリストラが増え、失業率が上昇し、世の中全体が暗い雰囲気に包まれます。**この状況を打破するために、日本の中央銀行である日本銀行（以下、日銀）が行う金融政策が、金利の引き下げ＝金融緩和です。**

金利を引き下げると、会社や個人が銀行からお金を借りやすくなります。すると会社は設備投資をしやすくなり、個人は買い物や投資をしやすくなります。設備投資によって売上が向上し、社員の給料が増えれば、個人も買い物や投資をしやすくなります。日銀が金融緩和を行うときには、このような景気回復のシナリオがあるわけです。

では金融緩和で相場はどのように動くでしょうか。**まず日銀が金融緩和を発表すると、それだけで株価が上がり始めます。この状態を「金融相場」と言います。**金融相場では、業績不振の企業であっても株価が上昇する傾向があります。

その後次第に企業の業績が回復してくるころには、金融相場は終わり、**好業績の企業の株が買われる「業績相場」が始まります。**この時期になると、業績が向上する会社が増えるので、相場全体で買われることになります。

さらに景気が良くなると、今度は過熱する景気を抑えるために、日銀は少しずつ金利を上げていきます。**これを「金融引き締め」と言います。**

金融引き締めが行われると、投資家の資金が株式市場から預金や債券に流れ、市場全体が下落していくのが一般的です。これを「逆金融相場」と言います。逆金融相場では、金利が高くても業績に影響の出にくい、つまり借金が少ない企業の銘柄が注目を集めます。

さらに、高金利に耐えきれなくなって業績が悪化した会社が増えてくる時期を「逆業績相場」と言います。逆業績相場になると、リストラに取り組む企業が注目されるようになります。

こうして世の中に不況感が漂い始めると、日銀はまた金融緩和を実施し、再び「金融相場」が始まります。

大切なことは相場にはサイクルがあるということです。金融相場や業績相場では買いポジションを取るほうが有利なことが多いですし、逆金融相場や逆業績相場では売りポジションを取るほうが有利なことが多いでしょう。もちろんチャートのサイン（トレードエッジ）を見て、逆のポジションを取ることもできますが、それは失敗するリスクも高いので、慎重なリスク管理が必要になるということなのです。

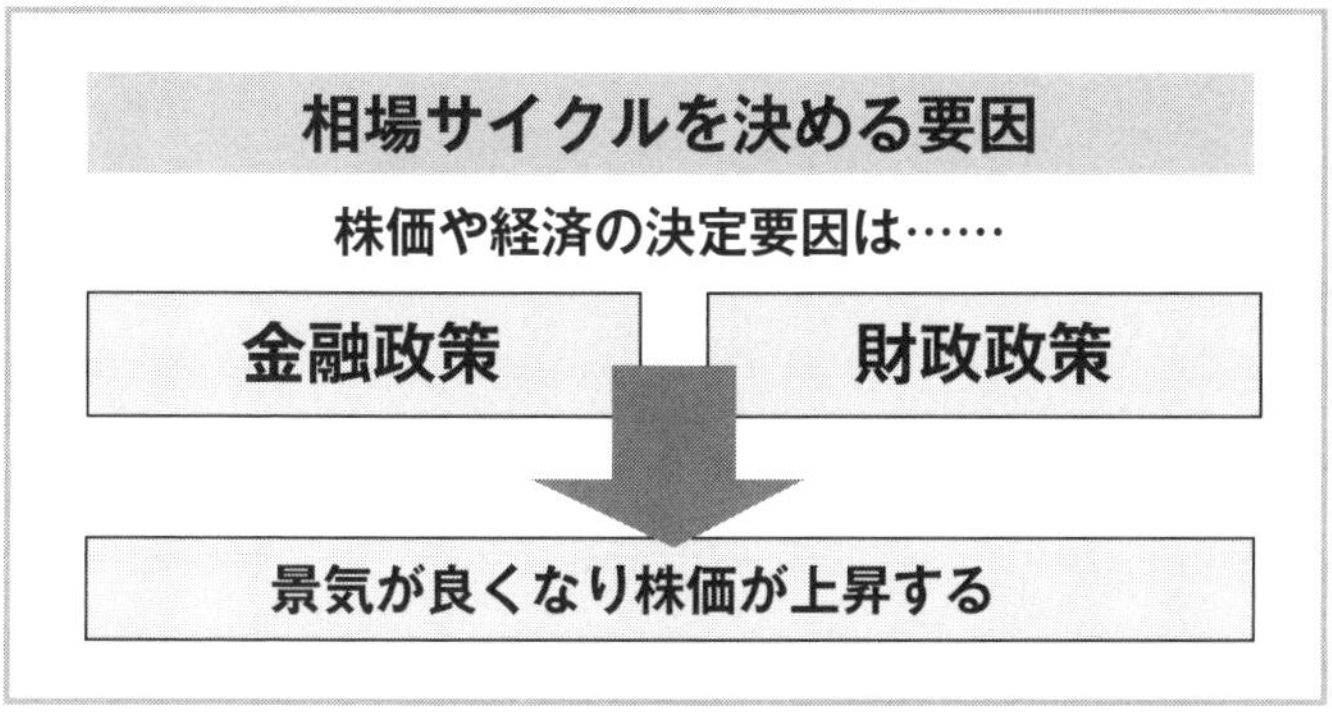
相場サイクルを決める要因
株価や経済の決定要因は……
金融政策
財政政策
景気が良くなり株価が上昇する

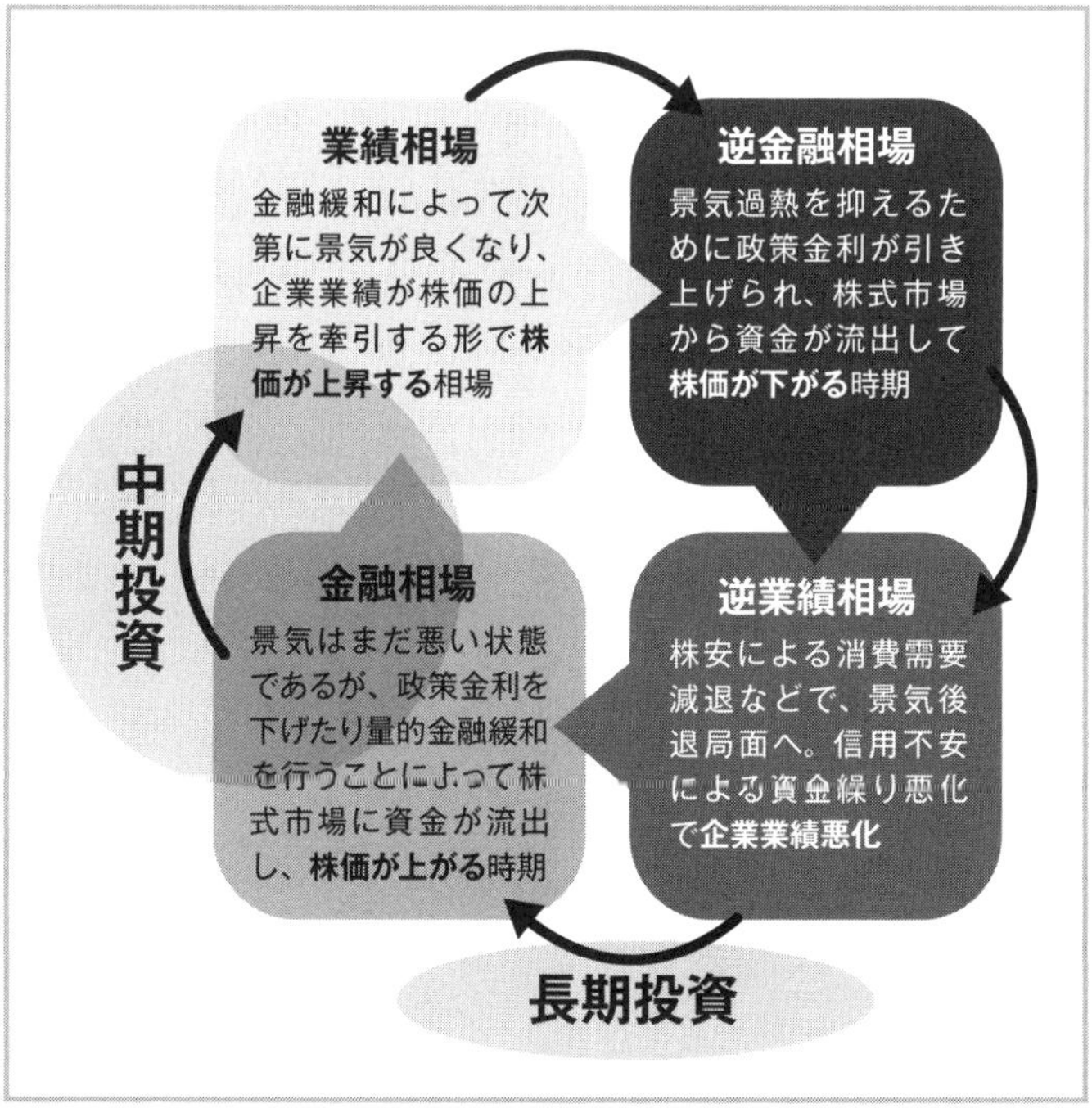
業績相場
金融緩和によって次第に景気が良くなり、企業業績が株価の上昇を牽引する形で株価が上昇する相場
逆金融相場
景気過熱を抑えるために政策金利が引き上げられ、株式市場から資金が流出して株価が下がる時期
逆業績相場
株安による消費需要減退などで、景気後退局面へ。信用不安による資金繰り悪化で企業業績悪化
金融相場
景気はまだ悪い状態であるが、政策金利を下げたり量的金融緩和を行うことによって株式市場に資金が流出し、株価が上がる時期
中期投資
長期投資

5-2

経済に関心を持ち、相場との関係を学ぼう

この項目の3つのポイント

1 経済の話と相場の話をつなげよう。
2 何を見れば経済が読めるのか、ポイントを知ろう。
3 国が出すデータから世の中を読む具体例とは。

これから株やFXで利益を上げていこうという話と、日本経済が今、どのような方向に動いているのかという話には、強い関係があります。したがって株や為替をはじめとした投資全般で利益を上げたいというのであれば、経済に関する最低限の知識は身につけておかなければなりません。

経済を理解するには、一般家庭、企業、政府の3つの登場人物がいることを第一に押さえてください。経済というものは、この3つの登場人物が絡み合いながら作っていく

ものなのです。

一般家庭とは、まさに私たちのことです。私たちは仕事をします。仕事の内容は大きく言えばモノやサービスを作るということになります。そして会社はその対価として給料や報酬を私たちに支払います。政府は、私たち一般家庭や企業から税金を受け取ります。その税金を使って、私たちに警察、消防署、学校、道路などの公共サービスを提供します。

このような形で3つの登場人物が、お金とモノやサービスを交換し合う全体を経済活動と呼びます。

ここまでの話は学校でも習う話ですが、もう少し深く知識を掘り下げていくと、経済の話と相場の話がつながっていることがわかります。

経済が今どのような状態になっているのかを客観的に見るために用いられる「経済指標」というものがあります。 経済指標は数え切れないほどたくさんありますが、ここでは相場との関係が深いもののうち代表的なものだけご紹介しましょう。

●GDP（国内総生産）

GDPとは、1年間に国内で新たに生産された財・サービスの価値の合計です。国家の経済力を示す指標として一番わかりやすいものであり、その国の国民の生活水準を反映するものです。ＧＤＰが前年と比較して上下したかどうかで、その国の生活水準が上がったか、下がったかがわかります。

●失業率

失業率とは、失業者を労働力人口（失業者と就業者の合計）で割ったものです。

仕事に就くことで安定的に給料の支払いを受けている人が増えれば、消費も増えます。消費が増えれば景気は良くなりますが、物価も上がっていくため、過度なインフレが起こらないように、政策金利（公定歩合）を上げる必要が出てきます（金融引き締め）。逆であれば、消費が減り、景気が悪くなり、物価も下がるので、デフレが起きないように政策金利を下げる必要が出てきます（金融緩和）。

前述したとおり（５－１）、政策金利の上下は相場に影響を与えます。失業率はその政策金利に影響を与えるわけですから、当然ながら重要な指標となります。

●貿易収支

日本は島国であり、貿易で黒字なのか赤字なのかは、日本経済に大きな影響を与えます。特に円の価格に影響します。

貿易収支とは、要するに日本の輸出額と輸入額の関係であり、輸出額のほうが多ければ黒字、輸入額のほうが多ければ赤字となります。黒字であれば円高要因となり、赤字であれば円安要因となります。

輸入額や輸出額といった金額は、財務省のホームページに直近の貿易統計を確認するページ（財務省貿易統計、http://www.customs.go.jp/toukei/info/index.htm）があり、そこから入手できます。自分の目で確認しておきましょう。

●消費者物価指数（CPI）

CPIとは全国の世帯が購入する製品やサービス価格の平均的な変動を測定した指数で、インフレ（一般に好景気だとインフレになります）かどうかを判断する最も重要な指標です。そのCPIの中でも最重視されるのが、価格変動の大きい食品やエネルギー等を除いた「コアコアCPI」です（ちなみに生鮮食品を除いたものが「コアCPI」で、総務省はそれも発表しています)。

コアコアCPIが上昇してインフレが加熱すれば金融引き締め政策を、下落してインフレが落ち着けば金融緩和政策をそれぞれ実施される可能性が高くなります。どちらが行われても相場が動き始めることになります(前節5-1)。

なお総務省は、毎月末に当月の東京のCPIと前月の全国のCPIを発表しています(http://www.stat.go.jp/data/cpi/)。

●M2

日銀は毎月の第7営業日に、前月の「金融部門から経済全体に供給されている通貨の総量」を示すマネーストック統計(https://www.boj.or.jp/statistics/money/ms/index.htm/)を発表しています。

マネーストック統計にはいくつかの指標が含まれていますが、その中で相場の動きと関係する指標がM2と呼ばれるものです。M2は、現金通貨と預金通貨と準通貨とCD(Certificate of Deposit、譲渡性預金、第三者に指名債権譲渡方式で譲渡することができて、自由に発行条件を定めることができる預金)の合計額で、世の中に実際に出回っているお金の総量になります。この量が増えるということは経済が活性化しており、今後インフレ、すなわち好景気になりやすいことを意味します。

つまり1か月分だけ見ても相場への影響はわかりません。何か月分かを追いかけて、傾向を把握しておくべき指標です。

●Nikkei日本製造業PMI

Nikkei日本製造業PMIとは、英マークイット社が約400社の購買担当者に聞き取り調査をして、毎月算出する製造業の景況感指数です。指数50が景況感の境目で、50を超えると業況は拡大、50を下回ると業況は縮小基調となります。速報値が当月20〜25日に発表され、確報値が翌月月初に発表されます。

日本では製造業の景況感が産業全体に与える影響が強いので、日本株や円の取引をする際にはぜひ押さえておきたい指標です。

●景気ウォッチャー指数

景気ウォッチャー指数とは、内閣府が街角の景況感を調べるために毎月実施する「景気ウォッチャー調査」を基にした景気指数（DI）のことで、街角景気指数とも呼ばれています。日本経済の状況を最も早く把握できる重要な指標です。毎月月末の調査が、翌月第6営業日に発表されます（https://www5.cao.go.jp/keizai3/watcher_index.html）。

0から100の値を取り、0だとすべての人が景気が最も悪いと判断している状態、100だとすべての人が最も良いと判断している状態です。

タクシー運転手や百貨店などの小売業の店員、製造業や金融業の従業員、税理士まで、景気を敏感に観察できる立場にある2、050人の協力を得て調査、作成されます。これらの人々は、おそらく日本のどんなエコノミストよりも景気を敏感に察知しています。

5-3 政治に関心を持ち、相場との関係を学ぼう

この項目の3つのポイント

1 政治は投資で勝つために重要だと理解しよう。
2 日銀が発表する情報がとても重要な理由とは。
3 政治の話と相場の話、自分の収益の話の関係とは。

世の中のお金が今、どこに集まる傾向があるのかを知ることは、投資をする上で大変重要なポイントになります。その際に政治は大変重要な意味を持ちます。

日銀や政府が打ち出す施策はもちろんのこと、どんな方針を持った政党が政治の中心となるのか、どんな政策の計画があり、どこに国の予算を使っていきたいのか、どんな政治家が今後総理大臣になるのか、国の予算がどんな企業に流れて、その影響でどのように株価が変動するのかなど、政治と株価は大いに関係があるものなのです。

経済政策の観点から特に重要な数値は、公定歩合です。公定歩合とは、日銀が民間の銀行に対してお金を貸し出す場合に適用する金利のことです。

公定歩合の上下は、当然ながら、すべての銀行に影響があります。そして銀行の動向が変わるということは、私たち個人の生活はもちろん、私たちが投資をしたい企業の株価にも影響があるものなのです。

以前マイナス金利が発表されたときの業種別騰落《とうらく》率を見ると、上昇率のトップは不動産業であり、全業種のうち唯一下落したのは銀行でした。多額の資金を借入により調達をする必要がある不動産業が恩恵を受け、金利で商売をしている銀行が苦しむという構図になりました。

日銀の政策によって銀行に影響があるということは、私たちが日ごろモノやサービスを買ったりするような企業に対しても影響があるということです。そうなると当然ですが、私たちの家庭においても大きな影響があり、政治が動けば株価が動く、株価が動けば企業の財務状況が変わる、企業の財務が変われば働いている社員の生活に響く、という一連の動きとしてつながっていくものなのです。

どんな政権がどんな方針を今打ち出しているのかが、私たちの生活にダイレクトに影響するのは当然ですが、世界各国の政治政策も日本経済に影響したり、私たちの売買したい銘柄の株価に影響を及ぼしたりすることも理解しておかねばなりません。

一般的には、政党の支持率の低下や重要な予算・法案の否決、汚職疑惑などによって政治情勢が不安定化すると、日本全体に対する株価の下落要因となり、逆に政治情勢が安定化すると、株価の上昇要因となります。

ただし逆もあります。現在の政権への失望感が広がっている場合には、政治情勢が不安定化し、政権交代への期待が高まると、株価上昇要因となることがあります。先ほどの例がまさにそれです。民主党野田首相による衆議院解散だけで株価が上がり始めました。ただし一般的には選挙期間中は株を買い控える投資家が多くなるので、一時的に株価が下がり、選挙結果を見てから株価が動き出すことがほとんどです。

地方選挙は通常株価に影響を与えないことが多いですが、特別に重要な知事選、市長選、議会選挙などでは、国政への影響が連想され、株価の変動要因となることもあります。

いずれにしても政治不安があるときには、経済や企業業績への悪影響が懸念され、株式を購入する動きが不活発になります。

今の政権が、投資家から支持をされるような政策を打ち出しているのか、その政策が計画どおりに実行されて、国民にも評価されているのかということは、株価や円価格にも影響することなので、投資家にとっては大変重要な確認ポイントとなります。

5-4

ドルや円、原油、金《きん》に関心を持ち、相場との関係を学ぼう

この項目の3つのポイント

1 為替の話、金価格の話、原油価格の話も大切。
2 海外の出来事も、日本で投資をする上で大切な理由。
3 各ファンダメンタルズと、価格の動きの考え方。

原油価格の相場は米ドルの相場と反比例の関係にあるということを理解しておくと良いでしょう。**米ドルの価格が高くなると、原油の価格は下落する傾向となり、米ドルの価格が安くなると原油の価格は上がる傾向にあります。**逆に、原油の価格が下がると米ドルは高くなる傾向となり、原油の価格が上がると米ドルは安くなる傾向にあります。これは原油の売買が通常ドル建てで行われることと関係しています。あくまで現時点における一般論であり、必ずそうなるというわけではありませんが、そのような傾向があ

るという基本理解を持っておくと良いでしょう。

次に、円安・円高と企業の株価の関係について説明しましょう。**一般的に円安になると株価が全体的に上昇します。**株価が上昇すると、当然ですが企業の資産価値が高くなります。資産価値が上がった企業はさらに成長し、消費や投資も活発化され、その恩恵が日本全体に回って好景気になるという仕組みです。

ではそもそもなぜ円安になると、株高になるのでしょうか。これは日経平均株価を計算するために選ばれている日経225の銘柄には、円安でメリットを受ける、つまり輸出の多い企業の割合が高いからです。日本の輸出額の9割以上は東証一部の大企業で賄われており、その大企業が多数日経225の銘柄に入っているということなのです。

米国において、同じように株価の目安になるのは、NYダウです。NYダウは30銘柄で構成されており、エネルギー関連株の関与度が高くなっています。**したがって原油価格が下がると、NYダウは下落しやすいと言えます。**さらに米ドル高は短期的な米国の経済成長に対してはマイナスなので、米ドルが高く、原油価格が安くなれば、NYダウも下落する方向に傾き、逆に米ドルが安く、原油価格が高くなれば、NYダウは上昇する方向に傾くことが一般的です。世界の経済大国である米国株の下落は世界中の投資家に影響を与えるので、ＮＹダウが下落すると、世界中の投資家がリスク回避に意識を傾けやすくなり、投資家の資金は安全資産（貯蓄や公債など）へと流れやすくなる傾向があります。

貯蓄や公債以外の安全資産の代表例が日本円です。ＮＹダウが下落すると、円を買おうとする世界中の圧力が強まり、結果として円高が進みやすくなります。**円高は日本株を引き下げる要因となりますから、原油の価格が下がり米ドルの価格が上がっているという局面になると、日本株も下がる傾向があることを心得ておかなくてはなりません。**

原油の価格がさらに安くなると、貿易国である日本は貿易赤字が縮小することにつながります。それも円高の要因となり、さらに日本株が下がる傾向につながります。

日本は原油を国外から輸入しているので、原油の価格が下がるということは、企業の燃料コストが下がることになり、企業の収益にとってはプラスになります。前述した日経２２５の銘柄の中には、このメリットを享受する企業が多いので、原油安は日経平均の上昇に関してプラスになります。しかし円価格と日経平均株価には負の相関関係があるのも先ほど述べたとおりです。円が高くなる傾向が続くと日経平均株価は下がっていく傾向にあり、世界中の投資家が日本株を売り始めます。結局原油安が円高につながる傾向のほうが強く、これは意識しておいたほうが良いでしょう。

ＮＹダウが下がるなど株式市場のリスクが高まると投資家の資金が安全資産に移動すると前述しました。円と並ぶ安全資産といえば、金です。

金は所有しているだけでは、株のように配当や株主優待を得られるわけではありません。しかし金が持つ価値は簡単に下落するものではなく、万が一のときのために保有しておくべき安全な資産という信頼があるので、株式市場が不安定になり株価が下がり出すと、金の価格が上昇するという関係があります。

ただしときに株価が上昇しているのに金の価格も上昇することがあります。２０１７年は株価も金価格も上昇しました。この年は米国でドナルド・トランプ氏が大統領選挙に勝ち、株式市場が好調であったにもかかわらず、時代の先行きが不透明になりました。そこで好調な株式を買いながらも、万が一に備えて金も買っておこうという投資家がたくさんいたのだと考えられます。

以上一般的な傾向として、原油が下がれば米ドルの価格が上がるとか、株価が下がると金の価格が上がるといったことを説明してきました。これらの一般常識を知っておくことは、投資においても大いに役に立ちますので、ぜひ覚えておいてください。しかし必ずしもそのとおりに、自分の買いたい銘柄が上がったり下がったりするとは限らないということもしっかり心に留めておいてください。

5-5

1つの市場にこだわらず、横断的に市場に関心を持とう

この項目の3つのポイント

1 チャンスのときに、チャンスの商品で稼ごう。
2 今何に優位性があるのか、投資対象を見抜こう。
3 現代人として必要な総合的な教養を身につけよう。

通貨の値段が刻々と変わっていくということすら、日常生活をしている上ではあまり気にしないものです。私たちはふだん国内で円という通貨を使って買い物をしますが、円の価値が刻々と変わることを実感することはまずありません。

為替相場が日々動いているのは、その通貨を使える国の価値が、通貨の価格に反映されているからと考えられます。円の価格は日本の価値として考えられ、ドルの価格は米国の価値として考えられるということです。

では国の価値がなぜ日々変動するのかというと、その原因は無数にあり1つに絞り込むことはできません。一例として、経済指標の発表などが原因で国の価値が変わることはあります。**世界一有名な指標発表といえば、毎月の雇用者数や失業率を発表する米国の「雇用統計」です。**雇用者数が増加し失業率が下がったならば、米国の国としての価値が上がります。そうなるとドルも買われるということになり、他国の通貨もすべて関わり、為替相場に大きな影響が出ます。

ドルと円の関係では、ドル高になると相対的に円安になります。円安になると一般的には日本株が上昇するという傾向になり、米国の雇用統計は日本の株市場にも影響を与えることになります。

その他にも国の価値に影響を与えるものはあります。その最たるものが金と原油先物です。投資を語る上でこの2つを避けて通ることはできません。

原油には産油国と消費国が存在し、産油国と消費国の間で日々売買が行われています。原油の価格が上がると、産油国は消費国に対してより高値で原油を販売することになります。その結果、産油国により多くのお金が入ってくることになり、産油国の景気が良くなり消費国の景気が悪くなります。

つまり原油の価格が上がるということは、産油国の価値が上がるということなので、産油国の通貨の価格が上昇し、反対に消費国の通貨の価格が下がる可能性が高くなるということなのです。

このように為替1つとっても、その価格形成にはさまざまな要因があることがわかります。

大切なことは今、世界の投資家がどこを向いているのかということです。株を買うのも今では、スマートフォンのアプリで完了する時代ではありますが、その裏にはあなたが見たこともない国の人たちが大いに関わり、たくさんの影響を与えているのです。

世界の投資家が今、株式市場からお金を引き払い、それ以外の市場にお金を投じているというのであれば、株式市場は下がる傾向にあります。そんなときに株式市場だけを気にしている投資家は、安定して利益が上がる行動をしているとは言えないので、中長期的に見ると大きな損をする確率が高くなってしまいます。

世界的に景気が好調なときは、企業業績も世界レベルで拡大する傾向にあり、投資家は株式市場にお金を投じるので、株式市場全体が上昇していきます。この傾向は、金利が低い国も金利が高い国も同じです。

しかし、為替市場では単純に景気が良いからといってそこにお金が投じられるわけではありません。投資家がメリットを感じなくなると、資金は日本のような低金利の国から、ブラジルなどのような高金利の国に移ります。そうなると、低金利の国では通貨が安くなり、株が高くなります。高金利の国では通貨が高くなり、株も高くなる傾向があります。

金利が高いと融資がしにくくなり、企業業績の低迷につながり、企業業績が下がり、株価も下がる傾向になります。金利が安ければ、企業はお金を借りやすくなりますから、企業業績も上がり、業績が上がる会社が増えることで景気も良くなり、株価も上がる傾向になります。

投資家としては、自分が投資したい金融商品がこの後上がるのか下がるのかということがとても気になることでしょう。しかし株であってもFXであっても、その市場の動向だけを切り取って理解するのは困難です。株と為替は絡みますし、金や原油の相場も絡んできます。もちろん市場だけでなく、経済全体も関わりますし、経済に影響を与える政治も絡んできます。戦争などが起これば、それが原油国と関わる場合、原油価格にとても大きな影響を与えるわけですし、原油国でなくても、たとえばあなたが買いたい銘柄の企業が戦争の勃発した地域に大きな工場を設立していたら、当然企業業績に悪影響が出て、株価も下がるかもしれません。外交や地理に関する知識もあるに越したことはありません。

ある国の中のある種類の相場だけで勝負しようと思っても、その相場の値動きには世界中のあらゆる出来事が、そして世界中の投資家のさまざまな思惑が関係してくるのです。「円高になったから株価が下がった」。これは株式投資を主にやっている人の発言です。「株が下がったから円高になった」。これはFXを主にやっている人の発言です。

一方でプロの投資家の中にはさまざまな種類の投資をする人がいます。株と為替の両方に投資している人であれば、株価を参考にしながら為替の売買をしたり、為替の動きを見ながら株の売買をしたりすることができます。相場が不安定なときには、安全資産である円や金を買ったりする投資家もいます。

このように1つの市場にこだわらずに、横断的にいろいろな取引をするようになれば、さまざまな知識や情報が自然と入ってくるようになり、それらを総合的に関連付けながら深い洞察もできるようになることでしょう。

こうした知識は投資家だけに必要なものではありませんが、投資家だからこそ真剣に情報収集し、身につけようとするモチベーションが働くとも言えます。

私はこれからはすべての日本人が、将来安心できるだけの資産を形成するためにも、またさまざまな知識を持ってこれからの時代に堂々と対応していける人間力を持つためにも投資に目を向け、実際に投資活動を始めてほしいと切に願っています。

おわりに

▼学校では教わらないけど大切な〝投機〟の話

「投機」という言葉があります。投機という言葉は、投資と似ている言葉ですが、「投資はするべきだけど、投機はギャンブルだからやめなさい」と、誤解をされている言葉です。投機とは、機会（タイミング）にお金を投じるという意味です。

そして、良いタイミングにお金を投じるということは、お金を稼ぐ上では、本当に大切なことだと思います。なぜなら、運任せでは良いタイミングを発見することなどはできないですし、良いタイミングを何度も何度も発見するために、経験や努力などが必要になるということは、投資に限ったことではなく、仕事においても、お金や信頼を得るためには相当な自己研鑽が必要だと思うからです。

投機というと、自分の都合で、自分のお金だけを目的にお金を投じることのように思われるので、多くの方には嫌がられる言葉なのかもしれませんが、一方では、自己責任の心を持ち、自分を律するお金のルールを作り上げ、淡々と遂行していく「在り方」というものは1つの模範的なものだと、私は考えています。

投資でも投機でも、それを成功させ、成功させ続けるためには、世界の流れ、政治の流れ、世の中の流れを自ずと学ぶことが必要になります。それは、このご時世に、情報に左右され惑わされないように、自分自身に確かな軸、確かな考え方を持つということにもなりますが、その荒波を乗り越え、投資（投機・トレード）で安定して稼げるようになったという人の継続的な努力を想像する限り、これは尊敬に値します。

今までは年金等で、国が保証してくれるお金を受け取り続ける仕組みというものがあったわけですが、これからの時代は、ひとりひとりがお金を稼ぎ続ける仕組みというものを持たないといけません。ビジネスでも何でもそうですが、お金を稼ぎ続ける仕組みを作るということはとても大変なことで、それを「普通の人」が成し遂げるということは簡単とは言いませんが、継続的な努力をすればできないことではなく、大いにチャレンジすべきことだと思います。

本書が、自分の人生の経済的な自立を、「自分自身が行う資産運用」によって目指したいという意欲ある方の「参考」となり、日本人投資家の模範となるような品格ある投資家の輩出に1つでもお役に立てれば幸いです。

高橋慶行

【著者紹介】

高橋　慶行（たかはし・よしゆき）

◉――宮城県仙台市生まれ。成蹊大学経済学部卒業。投資の学校グループ代表。世界基準の本物の投資教育と最高の学びの環境を提供することをビジョンとし、投資教育に関するプロジェクトを複数主催する株式会社ファイナンシャルインテリジェンス代表取締役。

◉――教師一家に生まれ、日本人にとって必要な教育事業を作ることを目標にして、学生時代を過ごしながら、学生起業を経験。社会人となり、リクルート社で新卒採用に関する営業を経験し、トップセールスマンとして表彰をされ、その後独立。人生を豊かにするために必要でありながら、学校では教わらない総合的な教養を提供するうえで、自らも起業経験が必要と感じ、2008年、起業。

◉――2013年10月、投資教育の必要性を強く感じ、株式会社ファイナンシャルインテリジェンスを設立し、「投資の学校」を開校。2019年現在、正しい投資教育の学習環境を用意し、累計12万人以上の一般投資家に対して、株式、FX、信用取引、オプション取引、日経225先物、米国株などの授業を提供している。

高橋慶行公式サイト：https://takahashiyoshiyuki.com
投資１年目の教科書公式サイト：https://toushi1.fun
投資の学校ホームページ：https://toushi-gp.jp

12万人《まんにん》が学《まな》んだ　投資《とうし》1年目《ねんめ》の教科書《きょうかしょ》　〈検印廃止〉

2019年10月15日　第１刷発行
2022年　2月10日　第８刷発行

著　者――高橋　慶行
発行者――齊藤　龍男
発行所――株式会社かんき出版
東京都千代田区麹町4-1-4 西脇ビル　〒102-0083
電話　営業部：03(3262)8011㈹　編集部：03(3262)8012㈹
FAX　03(3234)4421　振替　00100-2-62304
http://www.kanki-pub.co.jp/

印刷所――シナノ書籍印刷株式会社

　ISBN978-4-7612-7447-4 C0033